Liederkunde zum Evangelischen Gesangbuch

Im Auftrag der Evangelischen Kirche in Deutschland
gemeinschaftlich mit

Bernhard Leube und Andreas Marti

herausgegeben von

Ilsabe Alpermann und Martin Evang

Ausgabe in Einzelheften

Heft 29

Vandenhoeck & Ruprecht

Verzeichnis der Mitarbeiterinnen und Mitarbeiter

Alpermann, Dr. Ilsabe (s. Heft 26): EG 488 T * *Bitzel, Dr. Alexander* (s. Heft 26): EG 247, 390 * *Evang, Dr. Martin* (s. Heft 19): EG 311, 312 T, 410 T, 430 * *Franz, Dr. Ansgar* (s. Heft 18): EG 474 * *Klek, Dr. Konrad* (s. Heft 21): EG 349, 352 M * *Kornemann, Helmut* † (s. Heft 1): EG 488 T * *Leube, Bernhard* (s. Heft 17): EG 363 T, 449 * *Lütcke, Karl-Heinrich* (s. Heft 24): EG 352 T * *Marti, Dr. Andreas* (s. Heft 7/8): EG 199, 310, 312 M, 335, 363 M, 410 M, 488 M * *Schäfer, Dr. Christiane* (s. Heft 25): Hymnologische Nachweise * *Schilling, Dr. Dr. Johannes* (s. Heft 25): EG 368 * *Schmidt, Dr. Bernhard* (s. Heft 26): EG 397 * *Schmidt, Thomas* (s. Heft 24): EG 291, 448, 466 * *Stalmann, Dr. Joachim* (s. Heft 1): EG 347, 364 * *Wissemann-Garbe, Dr. Daniela* (s. Heft 14/15): Hymnologische Nachweise, Redaktion

Bibliografische Information der Deutschen Bibliothek:
Die Deutsche Nationalbibliothek verzeichnet diese Publikation in der Deutschen Nationalbibliografie; detaillierte bibliografische Daten sind im Internet über https://dnb.de abrufbar.

Satz: textformart, Göttingen
Druck und Bindung: ⊕ Hubert & Co. BuchPartner, Göttingen
Printed in the EU

Vandenhoeck & Ruprecht Verlage | www.vandenhoeck-ruprecht-verlage.com

ISBN 978-3-525-50359-1

199 Gott hat das erste Wort

EG 199ö RG 260ö+ KG 1ö+ CG 391ö+

Text

Verfasser Markus Jenny **Entstehung** 1970 nach der 1965 gedruckten niederländischen Vorlage mit einer eigenen Mittelstrophe **Vorlage** Jan Wit, *God heeft het eerste woord*, 5 Strn. um 1959; Str. 1–2,4–5 gedruckt in: *102 Gezangen. Proefbundel*, 's-Gravenhage 1965 * Mk 13,31; Gen 1; Joh 1,1 **Quelle** NSKA 5/1972, Nr. 17 **Ausgabe** Franz 2002, 31 **Besonderes** in der niederländischen Vorlage als Neujahrslied **Strophenbau** A6/3a A7/3b- A7/3b- A6/3a **Verbindung TM** wie EG

Melodie

Incipit 1_ -7b-7b11 -5_ **Verfasser** Gerhardus Marinus Kremer **Entstehung** 1959 zum Text von Jan Wit **Quelle** *102 Gezangen. Proefbundel*, 's-Gravenhage 1965, Nr. 89 **Besonderes** Tempo-Hinweis in der Q: Halbe = 60 **Ambitus** G: 8; Z: 4376 **Abweichung** Ganzton höher (viele Ausgaben notieren Z. 4, N 2 *a'* – das ist ein Fehler und geht nicht auf die Q zurück) **Verbindung MT** in der Q: *God heeft het eerste woord* (Jan Wit) * *Gott sprach das erste Wort* (Helmut Kornemann, Kees de Bruine; 4 Strn.; Geistliche Lieder für unsere Zeit, Witten/Gütersloh 1973) * *Gott hat das erste Wort. Er sprach zum Nichts* (Jürgen Henkys 1975; 4 Strn.; gedruckt in: *Neue Lieder. Beiheft zum EKG* [Bereich DDR], Berlin 1978; 5 Strn. in: *Steig in das Boot*, Berlin 1981) – beide Übertragungen nebeneinandergestellt in: Stefan 2002, S. 42 * weitere Sprachen (nach Unisono, Graz 1997): *God speaks the primal word* (Alan Luff 1990/91); *La Parole est à Dieu* (Frère Pierre-Etienne 1977)

Literatur

HEG II, 167 f (mit Ergänzungen von Wolfgang Herbst in JLH 40 [2001], 176), 185 f, 351 f ** ÖLK Lfg.1; ThustB, 210/ Nf, 191 f; ThustL I, 351 f; EenComp [3]1998, 147–149 ** Meyer [2](1997), 138–140; WGD 4 (1998), 58 f ** Giering, Achim: Das erste und das letzte Wort, Chl 48 (**1995**), 47–49 * Bernoulli, Peter Ernst: Von Ursprung, Ziel und Sinn alles Seienden, NSK **1998**/1, 2 f * Stefan, Hans-Jürg: Gott hat das erste Wort (Jan Wit), in: Franz **2002**, 31–43

Die kurze Strophenform zwingt zu knapper, aufs Wesentliche konzentrierter Aussage. Jede Strophe ist formal in sich geschlossen durch die symmetrische Anordnung der Reime (abba). Weil die erste Zeile – wie die letzte – auf betonter Silbe endet, erzeugt sie eine Zäsur zur Fortsetzung; die restlichen Zeilen sind danach durch die unbetonten Schlusssilben der zweiten und dritten miteinander zu einem kontinuierlichen Fluss verbunden. Die solcherart hervorgehobenen Anfangszeilen verbinden ihrerseits die fünf Strophen zu einer „Reihe", welche einen leicht erkennbaren Aufbau zeigt: Zwei Strophen über den Beginn der Welt – *das erste Wort* –, zwei über das Ende – *das letzte Wort* – und eine

Schlussstrophe, die beide Aspekte zusammenfasst. Die Ausrichtung der einzelnen Strophen folgt einem klaren Muster: Strophe 1 hat *die Welten* im Blick, Strophe 2 spricht von *uns*, den Menschen, Strophe 3 ist mit der *Weltgeschichte* wieder universal ausgerichtet, und Strophe 4 nennt wieder *uns*, die Menschen.

Der vierstrophigen niederländischen Fassung fehlt diese Regelmäßigkeit. Sie hatte ursprünglich ebenfalls fünf Strophen, jedoch in symmetrischer Anordnung: Welt – Menschen – (Tod) – Menschen – Welt. Die dritte Strophe der Originalfassung spricht vom Tod, vom Niedersinken ins Schattenreich des Schweigens, das durch das Wort gebrochen wird. Sie wurde in die niederländischen Ausgaben nicht übernommen; die vierte Strophe wurde zur dritten. Die von Markus Jenny neu formulierte vierte Strophe der deutschen Fassung stellt die Fünfstrophigkeit und die Balance zwischen universellem und individuellem Aspekt wieder her, führt aber zu einer neuen Anordnung der Blickrichtungen. Sie schließt indirekt an den Schluss der vorangehenden Strophe an: Der Gedanke des Hörens (*zijn roep wordt nog gehoord*) fehlt zwar in der deutschen dritten, klingt dann aber in der vierten Strophe an, bei *neu uns sagen*. Allerdings tritt damit an die Stelle der Kontinuität von Gottes Wort (*Wat Hij van oudsher zeide*) die Diskontinuität auf die neue Schöpfung hin.

Durch den gesamten Text ziehen sich mehr oder weniger deutliche biblische (und andere) Anspielungen. Besonders ist an den Prolog des Johannesevangeliums zu denken, an den „logos“ als den Anfang schlechthin. Genau so wäre auch an die Schöpfungsgeschichte der Genesis zu denken, das schöpferische Wort im Satz *und Gott sprach…* Allerdings ergibt sich eine leichte Schieflage, weil die Schöpfung *aus Nichts*, die „creatio ex nihilo“, in der Bibel nicht im Vordergrund steht und erst in der hellenistischen Philosophie ausdrücklich diskutiert wurde.

Gegenüber dem niederländischen Original bestehen inhaltliche Differenzen. War dort Gott das Subjekt der Schöpfung – ausgedrückt im Pronomen „Hij“ = „Er“ –, bleibt der deutsche Text im Sinne des Johannesprologs beim *Wort* als Subjekt und führt den Gedanken weiter zu dem Wort, das *von Ort zu Ort* um die Erde geht – einem Motiv, das an Lieder der Missionsbewegung erinnert. Dieser räumliche Aspekt ist im niederländischen Text nicht enthalten: Dort geht es vielmehr im zeitlichen Sinne um die „creatio continua“, die fortwährende Schöpfung („nog altijd voort“).

Die zweite Strophe bezieht sich auf Psalm 139,16 (*da ich noch nicht bereitet war*) und Jesaja 43,1 (*bei deinem Namen gerufen*), die dritte und vierte nehmen Endzeitgedanken aus den Evangelien und der Apokalypse auf. Das *ewge[n] Licht* ist allerdings keine biblische Formulierung, sondern stammt aus der liturgischen Tradition, der Totenmesse: „et lux perpetua luceat eis“, „das ewige Licht leuchte ihnen“. Gottes *starke Hand* in Str. 5 – hier im Plural – begegnet biblisch im Zusammenhang mit der Befreiung Israels aus Ägypten (z. B. Ex 32,11), bezieht sich da also auf das konkrete Geschichtshandeln Gottes und wird nun im Liedtext universell ausgeweitet. Es fällt auf, dass im niederländischen Original sowohl diese Ausweitung als auch die Anleihen bei der liturgischen und der philosophischen Tradition nicht vorhanden sind.

Die Frage stellt sich, ob bei der deutschen Nachdichtung eine solche Verbreiterung der Assoziationen beabsichtigt war oder ob es sich eher um assoziativ gefundene Versatzstücke aus dem theologisch-kirchlichen Sprachvorrat handelt. Eine solche Vermutung könnte sich bestätigen durch die auffallend häufigen Archaismen: *die Welten* (1,3), *Eh* (2,2), *zum Leben kamen* (2,2), *fort und fort* (2,4), *der Zeiten Bord* (3,4), *dereinst* (4,3), *Anbeginn* (4,1), *Ziel* (4,4).

Dieser stark traditionsbestimmten Sprache entspricht ein durchaus traditionelles Gottesbild, das sich im Allmachtsparadigma verorten lässt, mit den Begriffen *allmächtig* (1,3), *Gericht* (3,2), *starke Hände* (5,3) – alle gegenüber der Vorlage neu eingeführt. Bereits zum Konzept auch des Vorlagentextes gehört freilich der Universalismus, der im *ersten* und *letzten* enthalten ist. Ohne dass er direkt zitiert wäre, schwingt hier der Offenbarungstext *Ich bin das A und O, der Anfang und das Ende* mit (Offb 21,6 u.a.). Generalisierende Begriffe stützen im deutschen Text den universellen Horizont: *Nichts* (1,2), *allmächtig* (1,3), *im ewgen Lichte* (4,4), *alles* (1,2).

Insgesamt wirkt das Lied in seiner deutschen Fassung weder in theologischer noch in sprachlicher Hinsicht besonders aktuell oder gar innovativ. Dass es offenbar dennoch in den Gemeinden recht gut angekommen ist, verdankt es anderen Vorzügen: Die knappe und konsequente Gesamtform erleichtert den Zugang; die Begrifflichkeit – auch wenn sie manchmal sehr traditionell oder gar archaisierend daherkommt – erweckt Assoziationen zu einem vielleicht vorhandenen religiösen Vorstellungsrepertoire, und schließlich liegt eine tröstliche Vergewisserung der eigenen Existenz darin, sie von Anfang bis Ende umfasst zu wissen von dem viel größeren universellen Anfang und Ende, dem Gott, der selbst der Erste und der Letzte, das Alpha und das Omega ist.

Es ist diese in der Schöpfung begründete Universalität, die dem Lied seinen Platz im Katholischen Gesangbuch der Schweiz (KG) verschafft hat: Der Text eines reformierten Niederländers, im musikalischen Gewand eines reformierten Niederländers, nachgedichtet von einem reformierten Schweizer eröffnet als erstes Lied das nach einem „lebenstheologischen" Konzept geordnete katholische Gesangbuch.

Der Rhythmus der Melodie hängt eng mit dem Metrum des Textes zusammen. Eigentlich beruht dieser auf der jambischen Ordnung, die erste Silbe wäre im Versschema unbetont. Die erste Zeile jeder Strophe bricht jedoch dieses Metrum durch das Wort *Gott*, das eine Betonung erzeugt, und zwar ohne der zweiten Silbe die Betonung wegzunehmen: Dies wird in der niederländischen Originalfassung noch etwas deutlicher, weil jeweils das zweite Wort einen langen Vokal trägt: „heeft, staat". Es entsteht also faktisch eine doppelte Betonung, ein „Hebungsprall", der dem Strophenbeginn großes Gewicht verleiht. Der Melodierhythmus drückt dies durch die lange Anfangsnote aus, gefolgt von zwei nachdrücklichen Tonwiederholungen, während die Auftakte der übrigen Zeilen die Länge der normalen Melodienoten erhalten. Weil im Reimschema abba die erste Zeile (wie die letzte) mit einer betonten Silbe schließt, fällt die zur nächsten Zeile weiterführende unbetonte Silbe an dieser Stelle weg; vor der so entstehenden Zäsur erhält die letzte Silbe zusätzliches Gewicht, so dass die erste Zeile der Strophen 1 bis 4 (im Niederländischen 1 bis 3) an den Wörtern „Gott" und „Wort" wie an zwei Säulen festgemacht ist. Die Verlängerung der zweitletzten Silbe in Zeile 2 und 3 entspricht einerseits der häufig zu beobachtenden Zeilenschlussakzentuierung, andererseits läuft auf diese Weise der Takt gleichmäßig durch.

Die Melodie vertritt einen Typus, der um die Mitte des 20. Jahrhunderts seine Blütezeit hatte und etwa als „Neues Kirchenlied“[1] bezeichnet wird, zur Unterscheidung gegenüber dem von popularmusikalischen Gattungen geprägten „Neuen Geistlichen Lied“. Er wurde besonders intensiv von niederländischen Komponisten im Vorfeld des „Liedboek voor de kerken“ (1973) gepflegt und ist musikalisch charakterisiert durch Sprachorientierung, einfachen Rhythmus, kleinen Ambitus, syllabische Wort-Ton-Beziehung, diatonische Tonordnung, mehr (neo-)modal als tonal organisiert. In unserem Fall liegt eine modale Interpretation der Tonordnung nahe, etwa als plagales Äolisch oder Dorisch (mit tiefer Sexte): Der Grundton *g* liegt in der Mitte des Tonraums, aber anders als in einem „kirchentonartlichen“ Modus gibt es kein darüber liegendes Nebenzentrum im Sinne eines Rezitationstones, dafür spielt die Unterquart *d*, also der als melodische Dominante wirkende Quintton eine große Rolle, nämlich als Zielton der Zeilen 1 und 2 und als Beginn der Schlussformel: Diese vermeidet den Leitton und damit eine tonale Struktur. Bei den Tonschritten herrschen große Sekunden und kleine Terzen vor, dazu kommen Quarten, die vom Grundton mit seiner Ober- und Unterquart gebildet werden, und lediglich zwei Halbtonschritte in der Mitte der Zeilen 2 und 3, so dass der Melodiecharakter in die Nähe der Pentatonik gerät. Die beiden mittleren Zeilen sind sequenzartig gebildet: Die Drehfigur von der zweiten bis zur fünften Note wiederholt sich eine Quinte höher. Die beiden Zeilenschlüsse bilden eine Symmetrie: zuerst eine Quarte unter, dann eine Quarte über dem Grundton.

Die Melodie bietet keine großen Schwierigkeiten, so dass sie sich in vielen Gemeinden gut eingesungen hat. Mit ihrem sprachnahen Textbezug und den leicht verschleierten Symmetrien kann sie als ein Musterbeispiel der Melodiebildung im genannten Stilbereich gelten.

Andreas Marti

[1] Heinz Werner Zimmermann, Die neuen geistlichen Melodien der sechziger Jahre, MuK 42 (1972), 265–278, hier 277.

247 Herr, unser Gott, lass nicht zuschanden werden

Text

Verfasser Johann Heermann **Quelle** *DEVOTI MUSICA CORDIS. Hauß= und Hertz=Musica* (Johann Heermann), Breslau 1630 (DKL 1630^{05})[1] **Überschrift** *Im Thon: Dicimus grates tibi, summe rerum. Oder: Geliebten Freund, was thut jhr so verzagen? etc.* **Ausgaben** FT I,350 * *Johann Heermanns geistliche Lieder* (Hg. Philipp Wackernagel), Stuttgart 1856 **Strophenbau** 11/5a- 11/5a- 11/5b- |:5/2b-:| vgl. Frank 4.83 **Abweichungen** alle Strn. ohne Wiederholung des letzten (Kurz-)Verses; 3,3–4 *Sie müssen Wehr und Waffen niderlegen/Kein Glied mehr regen*; 4,3–4 *Mit dir wir wollen thaten thun vnd kempffen/Die Feinde dempffen*; nach 4: 5. *Du bist der Held, der sie kann untertreten*; 4,3–4 im EG = 5,3–4 in der Quelle **Verbindung TM** in der Q ohne N, aber mit Tonangaben, die entweder alternativ oder als identisch (Z I,966) zu deuten sind: zu *Dicimus grates tibi* (Ph. Melanchthon) gibt es zwei eigene Melodien unter Z I,973 (Calvisius 1598) und 974 (Schein 1627), es wurde auch gesungen zu Z I,966 (Tritonius 1507) und 967 (Thymus 1552) * *Geliebten* [!] *Freund, was thut ihr so verzagen* (B. Ringwaldt) hat eine eigene Melodie bei Z I,981 (Schein 1627), wurde auch gebraucht zu Z I,966 (Tritonius 1507)

Melodie

Incipit 1_123b_2_5_67b_86_5_ **Verfasser** Matthäus Apelles von Löwenstern **Quelle** (a) *SYMBOLA Oder Gedenck=Sprüche* (Matthäus Apelles von Löwenstern), [Breslau 1644] (DKL 1644^{16})[2] * (b) *Geistliche Kirchen- vnd Hausz-Music*, Breslau [1644] (DKL 1644^{01}) **Ausgabe** Z I,993 **Ambitus** G: 9b; Z: 86b6b3b3b **Abweichungen** (a+b) Cantus eines 4st. Satzes; ¢ * (a) Zeilentrennstriche; Z.1 N 11 Ganze; Z.2 N 9–11 Halbe Viertel Ganze; Z.3 N 9–10 Halbe *a'*; Z.4 N 3–4 Halbe *g'*; Z.5 N 3–4 Halbe *d'*, N 6 Doppelganze **Verbindung MT** in den Q: *Christe, du Beistand deiner Kreuzgemeine* (auch EKG 212)

Literatur

HEKG (Nr.209) I/2, 334 f; III/2, 94–96.87–89; Sb, 322; HEG II, 24 f.135–137 ** ThustB, 239/ Nf, 218 f; ThustL I, 433 f ** KLL (1878–1886) I, 284; EEKM (1888–1895) I, 269 f; RößlerL (^{2}2001), 368 ** Hommel, Hildebrecht: Antikes Erbgut im evangelischen Kirchenlied, Theologia viatorum. Jahrbuch der Kirchlichen Hochschule Berlin, **1948/49**, 122–136 (bes. 125 f) * Brodde, Otto/Müller, Christa: Das Graduallied: theologische und kirchenmusikalische Handreichung zum Gemeindesingen, München **1954**, 80–82 * Stern, Hermann: „Herr, unser Gott, laß nicht zuschanden werden", WüBll 30 (**1963**) 24–28 * MöllerQ **2000**, 140

Johann Heermann wurde von Andreas Gryphius, dem schlesischen Dichterfürsten, „Schlesischer Hiob" genannt, und das wohl zu Recht. Widrigste Umstände kennzeich-

[1] Digitalisat Staatsbibliothek zu Berlin: https://t1p.de/b41n (16.11.2021).

[2] Digitalisat Niedersächsische Staats- und Universitätsbibliothek Göttingen: https://t1p.de/jjqh (16.11.2021).

neten sein Leben: schwerste Erkrankungen, die am Ende zum Verlust der Pfarrstelle führten, Kriegselend und Vertreibung. Dennoch ließ sich Heermann niemals abbringen vom Zutrauen auf Gottes Güte und Liebe, mithin auf Gottes Vorsehung (*providentia*), in welche barocke Lutheraner ihr Leben ganz selbstverständlich eingebettet sahen.[3] Heermanns Lebensumstände, die selbst für das 17. Jh. ungewöhnlich hart waren, prägen das Lied EG 247 in allen Strophen.

Die erste Liedstrophe setzt ein mit der Bitte, Gott möge die Singenden nicht zuschanden werden lassen. Das Verbum *zuschanden werden* ist eines, das Luther durch die Übersetzung von Römer 5,5 der protestantischen Literaturproduktion eingeprägt hat. *Hoffnung aber lässt nicht zuschanden werden* lautet der Vers bei Paulus in Luthers Übersetzung, die bis heute (Luther 2017) unverändert geblieben ist. Bei Paulus geht es um Bedrängnisse, die dem Glaubenden zusetzen, die ihn – wenn sie mit Jesu Hilfe durchgestanden werden – in die Geduld führen, über diese zur Bewährung, welche einmündet in die Hoffnung *auf die Herrlichkeit, die Gott geben wird* (Röm 5,3). Ohne Hoffnung würden Bedrängnisse Menschen in Verzweiflung stürzen. Letzteres ist mit *zuschanden werden* gemeint. Gott möge es den Liedsingenden möglich machen, Anfechtungen im Glauben zu ertragen, wobei Glaube zu verstehen ist als lebendige, im Gebet konkret werdende Beziehung zu Gott. Glaube lebt Heermann zufolge aus dem Gebet, das oft und regelmäßig erfolgt. Bei Verwendung der fünfzeiligen Melodie im EG wird dies noch betont durch die Wiederholung der letzten Zeile der vierzeiligen Dichtung, in der ersten Strophe also des des Halbsatzes *und zu dir rufen*.

Für die folgenden Gebetsanliegen ist es nützlich, sich die barocklutherische Theologie des Gebets zu vergegenwärtigen, deren Dreh- und Angelpunkt zwei Jesuslogien aus Matthäus 6,10 (zweite Vaterunserbitte) und 26,39 sind. Demnach darf ein betender Mensch alles, was ihn beschäftigt, im Gebet vor Gott ausbreiten.[4] Keine Bitte ist zu eigensinnig, zu verstiegen, zu frivol. Gott hört alles, er *erhört* am Ende aber nur dasjenige aus dem Strauß der Gebetsbitten, das dem Beter in geistlicher Hinsicht nützlich ist. Der Beter ist aufgefordert, sich dem Willen Gottes zu fügen. Das kann zu Situationen führen, in denen ein Mensch Gott um das Ende einer Erkrankung bittet oder darum, von Kriegsläuften verschont zu bleiben, sich aber weder Genesung einstellt noch plündernde Soldaten ausbleiben. In solchen Situationen fordern barocklutherische Theologen dazu auf, nicht die – in neuzeitlicher Terminologie – Theodizeefrage zu stellen („Warum ich?", „Wie kann Gott das zulassen?"), sondern kontrafaktisch im Leiden die Liebe Gottes zu erkennen: Das Elend bringt den Beter näher zu Gott, bis dahin, dass der Tod des Beters ihm geistlich mehr nützt als ein Weiterleben, weil der Tod die Tür in die Ewigkeit Gottes aufstößt, welche ohne Tod noch Jahre hinaus verschlossen geblieben wäre – ein für heutige Befindlichkeiten zugegebenermaßen befremdlicher Gedanke.

Die zweite Liedstrophe bringt verschiedene Gebetsanliegen zur Sprache. Gar nicht fromm ist die erste Bitte: Gott möge seine Hasser, die sich selbst überschätzen und eben

[3] Zum dogmatischen Zusammenhang vgl. Leonhard Hutter, Compendium locorum theologicorum, kritisch hg. von Johann Anselm Steiger, 2 Bde., Stuttgart-Bad Cannstatt 2006, 140–151.

[4] Vgl. dazu Alexander Bitzel, Anfechtung und Trost bei Sigismund Scherertz. Ein lutherischer Theologe im Dreißigjährigen Krieg (= Studien zur Kirchengeschichte Niedersachsens 38), Göttingen 2002, 204–208.

nicht auf ihn verlassen, *zuschanden machen*. Es sind persönliche Gegner, die Heermann zeittypisch mit den Feinden Gottes identifiziert. Sich selbst sieht er unzweideutig als Angehörigen des Volkes Gottes. Dieses klare Gottfreund-Gottfeind-Schema ist biblisch vorgebildet im Antagonismus zwischen Israel und den Kanaanäern sowie in den sogenannten Feindpsalmen (z. B. Ps 58). Ganz konkret versteht Heermann unter den Gottesfeinden römische Katholiken, insbesondere Jesuiten, die im Schlesien seiner Zeit die katholische Konfessionalisierung dynamisch vorantrieben.[5] Bei Heermann befinden wir uns in präökumenischen Zeiten. In allen konfessionellen Lagern sah man die jeweils anderen auf fatalen Holzwegen, wobei für barocke Lutheraner Reformierte süddeutsch-schweizerischer Prägung noch größere Feinde Gottes waren als römische Katholiken. Die zweite Strophe dürfte als Feinde Gottes auch darum römische Katholiken im Sinn haben, weil über diese Feinde gesagt wird, sie verließen sich im Blick auf den Empfang der Gnade Gottes auf eigene Fähigkeiten und Kräfte (*ihre Macht*). Es gehört zum klassischen Repertoire reformatorischer Polemik gegen die römische Theologie, dieser zu unterstellen, die Rechtfertigung allein aus Gnade zu bestreiten und damit zu rechnen, dass sich Menschen aus eigener Kraft zum Heil Gottes qualifizieren könnten.

Angesichts der Feinde wird in der dritten Liedstrophe Gottes *Beistand* erbeten. Einen besonderen Akzent bekommt die Strophe dadurch, dass die Feinde weder dämonisiert werden noch ihr Fall erbeten wird, wie es in der zweiten Liedstrophe geschieht. Vielmehr rechnet Heermann mit dem konversiven Potential des Wortes Gottes. Zwei Grundüberzeugungen lutherischer Theologie kommen hier zur Sprache. Zum einen, dass mit Jeremia 31,18 (*Bekehre du mich, so will ich mich bekehren; denn du, Herr, bist mein Gott!*) allein Gott Menschen zu sich bekehren könne und rhetorische Kunstgriffe diesbezüglich nichts ausrichten können.[6] Zum anderen, dass Gott die Bekehrung (*conversio*) des Menschen allein mit dem Wort herbeiführe, welchem Wirksamkeit (*efficacia*) eigen sei, weshalb das Predigtamt im barocken Luthertum einen zentralen Rang innehatte.[7]

Friedenssehnsucht ist es, die Heermann am Ende der dritten Strophe wiederholend zur Sprache bringt, bevor er in der vierten Strophe den aus zahllosen Liedern der frühen Neuzeit – von Luther (1529, EG 362,2) bis Johann Daniel Herrnschmidt (1714, EG 303,2) – vertrauten Topos ins Feld führt, dass in Not und Unfrieden allein Gott helfen könne und Menschenhilfe nichts tauge. In Anbetracht der mangelhaften Sicherheitsarchitektur im Staatensystem des alten Deutschen Reichs, in dem öffentliche Sicherheit und Bevölkerungsschutz unzureichend waren, Verkehrswege über Land nicht einmal in Friedenszeiten sicher befahren werden konnten[8] und im Kriegsfall die zivile Bevölkerung schutzlos der Soldateska der gegnerischen und zuweilen auch der eigenen Seite ausgeliefert war, ist Heermanns Ruf nach Gottes Hilfe zweifellos erfahrungsgesät-

[5] Vgl. Peter Hauptmann, Art. Schlesien, in: RGG[4] 7 (2004), Sp. 919–921, hier: Sp. 920.

[6] Vgl. Johann Gerhard, Erklährung der Historien des Leidens vnnd Sterbens vnsers HErrn Christi Jesu nach den vier Evangelisten (1611), kritisch hg. u. kommentiert von Johann Anselm Steiger, Stuttgart-Bad Cannstatt 2002, 172 f, Z. 386–391; Josua Stegmann: ERNEWERTE HERTZEN=SEUFFTZER (1663) (= Andreas Gryphius, GA der deutschsprachigen Werke, Ergänzungsband 2/2), Tübingen 1987, 230, Z. 69–71.

[7] Vgl. Hutter, Compendium (wie Anm. 3), 204–206.

[8] Vgl. Art. Geleit, in: Walter Schomburg, Lexikon der deutschen Steuer- und Zollgeschichte. Abgaben, Dienste, Gebühren, Steuern und Zölle von den Anfängen bis 1806, München 1992, 116.

tigt. Die Dringlichkeit, mit der Heermann den Hilferuf zur Sprache bringt, zeigt, dass das Warten auf Gottes Hilfe schnell zu lange werden und zu Zweifeln an Gottes Macht führen kann. Diese schwere Anfechtung wird am Ende der Strophe gleichsam überrufen durch das *Hilf, Helfer! Amen*, das mit der heutigen Melodie sogar verdoppelt ist. Der dramatische Liedabschluss möchte die Singenden vor Resignation bewahren und von der vergeblichen Hoffnung auf menschliche Hilfe zum Vertrauen auf Gottes (noch) verborgene Allmacht führen. Ihnen soll zur Gewissheit werden, dass Gott Menschen auch in der größten Not beistehen wird.

Dramatik und stellenweise martialischer Ton des Liedes, dazu seine antikatholische Stoßrichtung mögen heutige Menschen befremden. Für verfolgte Christen freilich – und davon gibt es weltweit mehr als genug – sind Textpassagen, die von Feinden Gottes und ihrer Überwindung durch Bekehrung (!) handeln, überaus tröstlich. Menschen, die an Religions- und Gewissensfreiheit gewöhnt sind von Jugend an, dürfte diese Aktualität des Liedes nicht sofort einleuchten. Doch auch für jene, die in widrigen Lebensumständen oder in einer schwierigen biografischen Situation stecken, kann Heermanns Lied hilfreich sein. Unzweifelhaft wird zur Sprache gebracht, dass Gott helfen könne und helfen werde. Weitere Trostgründe, die sich Menschen mit Heermanns Lied ins Herz singen können, sind: Gottes Güte, Gottes Gnade und sein Weltregiment.

Die Melodie stand zuerst beim Text *Christe, du Beistand deiner Kreuzgemeinde*. Auch dort ist die letzte Textzeile der sapphischen Strophe wiederholt. Während die meisten Melodien dieses Strophenmaßes die Silbenbetonungen nur am Zeilenbeginn in langen Noten – „quantitierend" – wiedergeben, ist dies hier auch jeweils in der zweiten Zeilenhälfte der Fall. Die fünfte Silbe ist, obschon im Text unbetont, mit einer langen Note vertont und bricht damit das im Übrigen konsequent angewandte „quantitierende" Prinzip. Dies liegt daran, dass die Binnenzäsur im deutschen sapphischen Vers sowohl nach der vierten wie nach der fünften Silbe liegen kann. Darauf nimmt der Melodierhythmus Rücksicht: Beide möglichen Zäsurstellen liegen so zwischen zwei langen Noten. Die Zuweisung zu Heermanns Text in der heutigen Zusammenstellung (s. o. Text/Abweichungen) ergibt eine gute Kongruenz:[9]

In den Strophen eins bis drei hebt die Melodieführung zu Beginn die Feinde und Hasser Gottes hervor. In Strophe vier stehen an derselben Stelle diejenigen, die auf Gott vertrauen. Am Ende – so die musikalische Aussage – obsiegen die Freunde Gottes über seine Feinde. Den Freunden Gottes und ihrem Ergehen sind die vier Strophenschlüsse gewidmet. In der Wiederholung von Halbsätzen sowie in der zweistufig abfallenden Melodiebewegung kommt zur Sprache das Gebet der Gottesfreunde (Str. 1), das Erbarmen Gottes über sie (Str. 2), der Friede (Str. 3) und die Hilfe (Str. 4), die Gott ihnen gewährt. Die Strophenschlüsse können auf diese Weise die Singenden in eine Haltung des Vertrauens auf Gottes Führung (*providentia*[10]) durch Not- oder Wüstenzeiten hindurch einüben.

Alexander Bitzel

[9] Für diesen Absatz zur Melodie danke ich Andreas Marti.

[10] Vgl. dazu Anm. 3.

291 Ich will dir danken, Herr

EG 291ö

Text

Verfasser Paul Ernst Ruppel **Vorlage** Psalm 108,4–6 **Quelle** s. u. Melodie/Quelle

Melodie

Incipit 1235_55_ 6545_5 **Verfasser** Paul Ernst Ruppel **Quelle** Lied zum Monatsspruch in: *Der Pflüger. Monatsschrift der Jugend Freier evangelischer Gemeinden in Deutschland* 62 (1964; wiedergegeben in:) Der Kirchenchor 24 (1964) **Ambitus** G: 11; Z: 6786 **Abweichungen** Melodie mit Begleitung im Klaviersatz; Betonungszeichen auf den Synkopen; Kehrvers wird wiederholt, Ende der Wiederholung des Kehrverses: Halbe *d'* Halbe *d'*; Angabe im letzten Takt der Strophe: rall[entando]. **Verbindung MT** wie EG

Literatur

HEG II, 266–268 ** RGL1 657; WGL1 III, 127 f; IX, 81 f ** ThustB, 264/Nf, 243; ThustL II, 49 f ** NSKA 1 (1971) Nr. 2; Meyer ([2]1997) 229–231.233–235 ** Ruppel, Paul Ernst: Ist das auch ein Weg?, in: Der Kirchenchor 24 (**1964**), H. 4 58 f * Schweizer, Rolf: Vom Singen und Sagen im neuen Lied, in: Lothar Käser (Hg.): Wort und Klang. Festschrift für Martin Gotthard Schneider zum 65. Geburtstag, Bonn **1995**, 121 * Jenny, Markus/Kuntz, Michael: Werkanleitungen zu Liedern aus dem Gotteslob. GL 278 – Ich will dir danken, Herr, unter den Völkern, in: MS 115 (**1995**), 388 f (= WGL 1 III, 1975, 127 f) * Handt, Hartmut: Ich will dir danken, Herr, WEG IV (**1997**), 41–45

Wir schreiben das Jahr 1964. Der Kirchenmusik soll mit stilistischen Elementen aus Spiritual, Jazz, Schlager, Rock und Beat neuer Schwung verliehen werden. Die in dieser Zeit des so genannten „Liederfrühlings“ entstandenen Kirchenlieder bekommen einen eigenen Gattungsbegriff: „Neue Geistliche Lieder“ (NGL). Es ist eine Zeit des Aufbruchs. Paul Ernst Ruppel ist ein von Hugo Distler geprägter Kirchenmusiker. Die Vertonung von Psalmtexten bildet einen Schwerpunkt in seinem Schaffen, und er bekennt, dass ihn die Welt und Frömmigkeit der Psalmen persönlich am stärksten geprägt haben.[1] Nun öffnet er sich den Ideen des Neuen Geistlichen Liedes. In EG 291 fließt beides zusammen: die Verwurzelung Ruppels in der Welt der Psalmen und seine musikalische Neuausrichtung. Das Lied erschien 1964 als musikalische Betrachtung über einen Monatsspruch (Ps 108,4) in der Jugendzeitschrift „Der Pflüger“ des Bundes Freier

[1] Meyer ([2]1997), 235.

evangelischer Gemeinden. Noch im selben Jahr erschien es in weiteren Publikationen.[2] Es muss „eingeschlagen" haben. In den 1970er Jahren wurde es in mehrere Beihefte zum EKG und ins Gotteslob der römisch-katholischen Kirche aufgenommen.[3]

Ruppel ging mit seiner Fassung über den Monatsspruch hinaus und erweiterte den Text für sein Lied auf die Verse 4 bis 6 des 108. Psalms. Die Morgenstunde ist in den Psalmen oft die Zeit des Heilserweises durch Gott, den das auch diesen Psalm einleitende Morgenlob preist. Es gipfelt im Vers 4 durch das doppelte *ich will* (*ich will dir danken, ich will dir lobsingen*). Ruppel sagt selbst: „Über Psalmtexte meditierend entwickelt sich oft eine singbare Form. So entstand auch dieses Lied nach Psalm 108. Der Text ist hier ja in Luthers Fassung direkt vorgegeben und bedurfte nur noch der melodischen und rhythmischen Formulierung."[4] Der Komponist fügt (auf Anregung von Otto Brodde) nach römisch-katholischer und lutherischer Tradition eine Gloria-Patri-Strophe an. Kehrvers und die ersten beiden Strophen sind keine Umdichtung der Psalmverse, sondern annähernd ihre Originalgestalt. Ruppel liegt der Text der Lutherbibel von 1912 vor, in der das hebräische Wort *ämät* (V. 5) nicht mit *Treue*, sondern mit *Wahrheit* übersetzt wird; statt *Herrlichkeit* steht dort *Ehre* für das hebräische *kabod* (V. 6). Anstelle der in Gedichten üblichen Endreime gibt es in den Psalmen „Gedankenreime" (parallelismus membrorum), zwei Halbverse mit derselben Aussage.

Ruppel formt den Psalmtext auf folgende Weise zum Lied: Ps 108,4 erklingt wörtlich als Kehrvers insgesamt viermal (vor jeder Strophe und als Abschluss; in der ursprünglichen Gestalt des Liedes durch die Wiederholung des Kehrverses sogar achtmal), eine Willenserklärung zu Dank und Lob. Nicht nur Inhalt und Rahmen des Liedes werden hier vorgegeben, sondern auch der Melodiecharakter. Ps 108,5 wird als wörtliches Zitat zur ersten Liedstrophe. In ihr finden wir die Begründung für die Willenserklärung des Kehrverses: *Denn deine Gnade reicht* […] Ps 108,6 bildet leicht verändert die 2. Strophe und ist nun die Aufforderung an Gott, seine Erhabenheit (*Erhebe dich*) und Ehre überall deutlich zu machen. Weil die Anzahl der Silben in den Versen 5 und 6 nicht gleich sind, muss Ruppel ein *Herr* und zweimal ein *weit* einfügen, dazu auch die Wortreihenfolge etwas umstellen, damit der Text unter die Melodie passt. Das Erheben über den Himmel und die Lande erfährt hier durch das jeweils zugeordnete *weit* eine Steigerung. Mit der 3. Strophe (als Gloria-Patri-Strophe) knüpft Ruppel an die gerade besungene Ehre an. Sie wird jeder der drei Personen der Trinität eigens zugesprochen. Zugleich entsteht ein Stabreim (*Ehre – Ewigkeit*). Durch beide Vorgänge erfährt *Ehre* eine starke Betonung. Das weicht von der liturgischen Gloria-Patri-Formel ab, ist aber bei Strophenliedern durchaus üblich (vgl. z. B. EG 273,5; 275,7; 276,5; 280,3).

[2] VSG-Blätter 1964, Nr. 2 (Verlag Singende Gemeinde Wuppertal); Der Kirchenchor 24 (1964), Kassel, 59. Erwähnt sei noch das Singheft, das der Verlag Singende Gemeinde 1976 herausbrachte, in dem das Lied mit einem 4stimmigen Satz für gemischte Stimmen von Ruppel (datiert 1975) für den Monat Juni erschien. Hier ist der Kehrvers „Chor/Gemeinde" zugewiesen, über dem Strophenbeginn steht „Chor", vor der 1. Strophe „M"[änner], vor der zweiten „F"[rauen], vor der dritten „M/F".

[3] GL1 278.

[4] Meyer (^{2}1997), 229.

Die Melodien von Kehrvers und Strophe sind symmetrisch gebaut, es sind jeweils zweimal vier Takte. Die melodischen und rhythmischen Grundmuster sind fast identisch. Lob und Dank (Kehrvers), die Begründung dafür (Str. 1) und die Ehrerbietung gegenüber Gott (Str. 2 u. 3) lassen sich nicht voneinander trennen. Es schimmert auch eine tiefere melodische Schicht hindurch: Man kann die Grundstruktur eines Psalmtonmodells mit den Reperkussionstönen auf *a'* (Kehrvers) und *h'* und *d''* (Strophen) erkennen. Die Strophenmelodie geht über den Umfang der Kehrversmelodie hinaus und steht auf einer höheren Stufe (G-Dur statt D-Dur). Die Weite des *Himmels* (Str. 1 u. 2), der *Wolken* (Str. 1), der *Lande* (Str. 2), ganz besonders das *erhebe dich* (Str. 2) werden hier auf feinsinnige Art und Weise in die Tonfolge hineingewebt: Was der Text in Worten sagt, drückt die Melodie in Tönen aus – ein Merkmal guter Vertonungen. Ihre höchste Stelle erreicht die Melodie am Ende der Strophen bei *Wahrheit, so weit die Wolken gehn* (Str. 1), bzw. *Ehre weit über alle Land* (Str. 2) und *Heilgen Geist, Gott in Ewigkeit* (Str. 3). Der melodische Höhepunkt am Schluss der Strophen wird auch noch dadurch unterstrichen, dass die rhythmische Faktur der vorgezogenen Noten, die ja ein Gestaltungselement dieses Liedes ist, hier noch gesteigert wird: Viermal hintereinander auf den „off beat“ vorgezogene Silben bringen eine starke Verdichtung, bevor die Melodie wieder zur tieferen Lage des Kehrverses zurückführt. Der Gesamtumfang aller Melodieteile über anderthalb Oktaven drückt etwas von der Weite der *Gnade*, der *Wahrheit* und *Ehre* Gottes aus.

Nach Ruppels eigenem Bekunden „singe [man] das Lied mit lebhaft rhythmischer Betonung“.[5] Wenn man das tut, wirken die Synkopen dennoch nie gewollt; sie sind kein überstrapaziertes Stilmittel, sondern folgen immer dem natürlichen Sprachduktus. Die Kehrvers-Strophe-Struktur erinnert an das „call-and-response“-Prinzip afro-amerikanischer Musik, zumal sich dieses Lied fast nur auf diese Weise aufführen lässt: als Wechselgesang zwischen Gemeinde (Kehrvers) und Chor (Strophen); denn die letzte Strophenzeile ist wegen der vier hintereinanderstehenden halben Noten, die immer auf den Taktzeiten 2 und 4 beginnen, für eine im Jazzgesang ungeübte Gemeinde fast unsingbar. Darum hat der Komponist die Rollenverteilung festgeschrieben: Den Kehrvers singen alle (bzw. die Gemeinde), die Strophen singt der Chor. Im EG fehlt dieser Hinweis leider. Auch ein anderes wichtiges Detail ‚verschweigt‘ das EG: Der Kehrvers soll wiederholt werden. Durch seine dadurch gewonnene doppelte Länge hat er mehr Gewicht. Das Bekenntnis zum eigenen Tun (*ich will dir danken* […], *ich will dir lobsingen* […]) wird in der EG-Fassung geschmälert. In der Originalgestalt ist außerdem bei der Wiederholung des Kehrverses das letzte Wort *Leuten* etwas gedehnter. Dadurch hat der Kehrvers einen besseren Schlusspunkt. Weil die Strophen für die Gemeinde schwer ausführbar sind, empfiehlt sich die Verteilung auf Gemeinde und Chor.

Thomas Schmidt

[5] Ebd., 231.

310 Meine Seele erhebt den Herren

EG 310 RG 3+ KG 243+ CG 714+

Text

Quelle Lk 1,46 f **Abweichung** Z. 1 den *Herrn* (Luther 2017)

Melodie

Incipit 3_5_ 3_334_3_ 2__3__ **Verfasser** Paul Ernst Ruppel **Entstehung** 1938 im Rahmen der Singwochenarbeit **Quellen** [(a) Postkarte, gestaltet von Kurt Wolff, Onckenverlag Kassel o. J. (MEYER ²1997, 231)][1] * (b) *Morgensternlieder* (Paul Ernst Ruppel), Kassel/Vluyn/Moers 1955 **Tonalität** Z. 1–2 dem *tonus peregrinus* nachgebildet **Ambitus** G: 10; Z: 478(478) **Abweichungen** (b) kleine Terz höher, Taktvorzeichnung 2/2 * RG/CG: Taktvorzeichnung 2/2 **Verbindung MT** wie EG

Literatur

HEG II, 266–268 ** ThustB, 277/Nf, 256; ThustL II, 81 ** Meyer (²1997) 231.233–235

Der Kanon zitiert in der ersten Phrase den „Tonus peregrinus“, so wie er seit der Reformation für das deutsche Magnificat verwendet wurde. In der lateinischen Psalmodie dagegen steht er vor allem bei Psalm 113, „In exitu Israel“ (Psalm 114 nach hebräischer und moderner Zählung). Charakteristisch für den „Tonus peregrinus“ ist der Wechsel des Rezitationstons in der zweiten Vershälfte – damit fällt er als „fremder Ton“ aus dem System der acht regulären Psalmtöne heraus. Hier geht es aber nicht um diesen Wechsel, sondern um das in der deutschen Tradition übliche Initium mit der kleinen Terz.

[1] Der Nachlass von Kurt Wolff liegt in der Fliedner-Kulturstiftung Kaiserswerth. Dankenswerterweise hat sein Sohn Martin Wolff auf Anfrage dort nach der Karte gesucht und geschrieben: „Ich hatte auch noch einmal die darin [im Nachlass] vorhandenen, von ihm gestalteten Kartenserien, die seinerzeit im Oncken Verlag erschienen sind, durchgesehen und die Serie mit sechs Kanons, die diesen Kanon aufgrund des abgedruckten Inhaltsverzeichnisses enthielt, gefunden. Ausgerechnet aber die Karte mit diesem Kanon fehlt in dem Umschlag. Das kann ich mir nur so erklären, dass mein Vater zu irgendeiner Gelegenheit diesen, für ihn bedeutsamen Kanon herausgenommen, aber nicht wieder zurückgelegt hat, vielleicht hat er ihn auch jemandem gegeben […]. In der Hinsicht war mein Vater großzügig. Im Umkehrschluss aber wird daraus deutlich, dass dieser Kanon 1938/39 im Oncken-Verlag veröffentlicht wurde, wie aus dem Inhaltverzeichnis ja zu entnehmen ist, und in dem Zeitraum auch komponiert wurde. Insofern kann man m. E. sagen, dass das Entstehungsjahr 1938 und die Veröffentlichung nachgewiesen ist.“

Als ersten Beleg für das – von der Gemeinde zu singende – Magnificat im „Tonus peregrinus" nennt das Handbuch der deutschen evangelischen Kirchenmusik[2] die Soester Kirchenordnung 1532 von Johannes Bugenhagen, danach unter anderem die Gesangbücher von Joseph Klug, Wittenberg 1533, und Valentin Babst, Leipzig 1545. Bekanntlich ist das Klugsche Gesangbuch 1533 die zweite Auflage des Buchs von 1529. Wenn wir davon ausgehen, dass es sich um einen unveränderten Nachdruck handelte, wäre also diese Magnificatform einige Jahre vor den ersten greifbaren Quellen direkt im Umkreis Luthers geschaffen worden.

Das charakteristische Initium-Intervall *fis'-a'* wird zu Beginn der zweiten Phrase und – eingebettet in den Dreiklang – auch der dritten Phrase wiederholt, und zwar jeweils versetzt, so dass es im Kanon dreimal hintereinander erklingt. Diese Versetzung hat zur Folge, dass die Kanoneinsätze nicht mit den Phrasenanfängen zusammenfallen, und dies wiederum bedeutet, dass der Kanon nicht wie viele bekannte Kanons wie von selbst läuft, sondern der Singleitung und der Einübung bedarf.

Die formbildende kleine Terz bestimmt kontrastierend auch die zweite Phrase, nämlich nun abwärts *d'-h* und als Durchgang statt als Sprung. Danach erzeugt der dreimalige Einsatz auf dem *d'* eine gewisse Statik, die sowohl als Nachdruck wie als Erinnerung an Rezitationsformeln gehört werden kann. Die dritte Phrase kontrastiert mit den beiden ersten vor allem rhythmisch. An die Stelle der ziemlich gleichmäßigen Bewegung treten zwei länger ausgehaltene Noten und am Schluss eine Achtelkette, welche komplementär zu den Achtelbewegungen in den ersten beiden Phrasen ist. Ein Kontrast liegt auch in der hohen Lage mit dem lang ausgehaltenen Spitzenton, vor allem gegenüber der nachdrücklich tiefen Lage der zweiten Phrase.

Während die meisten der zahlreichen Magnificatlieder[3] keine Beziehung zur Tonus-Peregrinus-Tradition zeigen, schafft der Kanon die Möglichkeit, daran anzuknüpfen, in der Praxis wohl am besten in Verbindung mit einer Textlesung oder Auslegung des Magnificat. Die Verwendung des Textanfangs als Kehrvers („Antiphon") kommt auch beim psalmodierten Magnificat vor, so im katholischen Gesangbuch „Gotteslob" 2013, Nr. 650,2 und 650,3. Der Aspekt des Lobs wird dadurch im Magnificat-Text besonders hervorgehoben (vgl. dazu den Kommentar zu EG 309).

Andreas Marti

[2] Konrad Ameln u. a. (Hg.), Handbuch der deutschen evangelischen Kirchenmusik I/1, Die einstimmigen Weisen, Göttingen 1941, Nr. 499.

[3] Ausnahme ist Manfred Schlenkers Melodie zu *Gottes Lob wandert* (Text: Jürgen Henkys nach Svein Ellingsen) im hessischen Regionalteil des EG (Nr. 601) und im RG (Nr. 2).

311 Abraham, Abraham, verlass dein Land

EG 311ö KG 510ö CG 883ö EM 430ö

Text

Verfasser Diethard Zils **Vorlagen** *Abraham, Abraham, verlaat je land* von Hanna Lam (s. Melodie/Quelle) * 1. Mose 12,1–9 **Quelle** *Neue Kinderlieder für Kinder- und Familiengottesdienst* (Hg. Heinz-Otto Behr/Uwe Seidel/Diethard Zils), Regenburg 1972 **Überschrift** *Abraham* **Besonderes** Text des Kehrverses wird zu Beginn von Str. 3 abgewandelt und danach wiederholt [EG ungenau: „nach der 3. Strophe"] **Strophenbau** Kehrvers: |:6/4a A8/4a:| Str.: 8/4a- 8/4a- 7/4b 7/4b **Abweichung** im Strophentext 3,4 *Kompaß ist das Gotteswort* **Verbindung TM** wie EG

Melodie

Incipit 1_.55__ 4_.11_. **Verfasser** Wim ter Burg **Quelle** *Alles wordt nieuw. Bijbelliederen voor de jeugd* (Hg. Hanna Lam/Wim ter Burg), Nijkerk 1968 **Ambitus** G: 6; Kehrvers: 55 Z: 5556 **Abweichungen** Q: ¢ * Q, KG, CG, EM: Schlusston der Strophen punktierte Halbe mit Viertelpause * EM: mit 4st. Satz (Alexander Wagner) **Verbindung MT** in der Q: *Abraham, Abraham, verlaat je land*

Literatur

HEG II, 58.191.357f ** ThustB, 278/ Nf, 257; ThustL II, 82f ** Giering, Achim: Ich versprech dir meinen Segen. EG 311, Chl 47 (1994) 47–49

Das Refrainlied *Abraham, Abraham* eröffnet in der EG-Rubrik „Biblische Gesänge" die Untergruppe „Biblische Erzähllieder". Einfach in Sprache und Melodie, firmiert es im niederländischen Original ausdrücklich als „Kinderlied". Mit 1. Mose 12,1–9 führt es zu einer Schlüsselstelle des Alten Testaments und der ganzen Bibel: Abrahams Berufung markiert den Abschluss der sogenannten Urgeschichte 1. Mose 1–11 und den Beginn des Erzväter-Zyklus' und damit der (Vor-) Geschichte des Volkes Israel. Im Neuen Testament werden in den an Jesus Christus glaubenden Völkern die *Geschlechter* erkannt, die *in dir* [Abraham] *gesegnet sein* (2,4) sollen (bes. Gal 3,8f.).

Die niederländische Vorlage von 1968 stand noch nicht im „Liedboek voor de kerken" (1973), wurde aber in dessen Neubearbeitung „Liedboek. Zingen en bidden in huis en kerk" (2013) aufgenommen (dort Nr. 805). Die Melodie von Wim ter Burg ist im EG unverändert. Den von Hanna Lam stammenden Text hat Diethard Zils in Wortlaut und Struktur weitgehend getreu übertragen.

Das Lied setzt mit Gottes Ruf an Abraham ein, sein *Land* und seinen *Stamm* zu verlassen (vgl. 1. Mose 12,1a: *Geh aus deinem Vaterland und von deiner Verwandtschaft und aus deines Vaters Hause*). Dieser Anruf und Befehl bildet, jeweils zweimal gesungen, den

Kehrvers. Er wird zu Beginn der 2. Strophe identisch sowie zu Beginn und nach der 3. Strophe als Ausführungsbericht wiederholt: *Abraham, Abraham / verlässt sein Land und seinen Stamm* – poetischer Ausdruck dafür, dass Abraham den an ihn ergangenen Ruf Gottes ‚eins zu eins' befolgt.

Der mit einer starken musikalischen Geste – jeweils punktierter Quintsprung vom Grundton *e* aufwärts und Quartsprung zum Grundton abwärts – versehene, durch Verdoppelung intensivierte Namensanruf *Abraham, Abraham*[1] kommt im paarig angelegten Kehrvers zweifach vor und prägt so das ganze Lied – Ohrwurmqualität eines fanfarenartigen Weckrufs. Auch der Grundbefehl *verlass dein Land und deinen Stamm* verlautet doppelt in analoger musikalischer Gestalt: Der Tonraum wird in kleinen Intervallen zweimal vom Grundton zur Dominante durchschritten, auf der die Melodie beim ersten Durchgang verharrt und von wo aus sie beim zweiten zur Tonika zurückspringt. Textlich und melodisch ist der Kehrvers ein äußerst kompaktes Gebilde.

Dies gilt auch für die Strophen. Musikalisch verharren sie im Tonraum der Quinte, die nur mit dem vorletzten Ton, der nicht erhöhten Unterseptime unterschritten wird. Die Vermeidung des Leittons ist bezeichnend für das neomodale Melodieverständnis des 20. Jahrhunderts, das sich an die mittelalterlichen Modi (hier auf *e* notiertes Dorisch) anlehnt, meist allerdings ohne deren typische Melodiebildungsformeln zu übernehmen.[2] Die ersten beiden Zeilen setzen wie der Kehrvers mit dem (diesmal unpunktierten) Quintsprung ein und kehren in Sekundstufen zum Anfang zurück; damit variieren sie in abgeschwächter Form die musikalische Figur von *Abraham, Abraham* und stellen zuzusagen Aufbruch und *lange Reise* dar. Die dritte Zeile führt in gleichmäßigen Sekundschritten wieder aufwärts zur Dominante. Kann man in ihr eine ‚geglättete' Variante der Kehrverszeilen 2 bzw. 4 erblicken, so klingt in der Schlusszeile (in Str. 1 auf *Vater meines Volkes sein*) der Quartsprung abwärts des zweiten *Abraham* nach, allerdings mit einer anfänglichen Achtelbewegung versehen und harmonisch durch einen Dreiklang hinterlegt.

Wer in der Bibel berufen wird, erhält einen Auftrag und eine Verheißung. In Fortführung des Kehrvers-Befehls *verlass dein Land und deinen Stamm* enthält die 1. Strophe den Auftrag: *Mach dich auf die lange Reise.* Mit *in ein Land, das ich dir weise* geht der Auftrag schon in die Verheißung über, die sich einerseits auf das *Land*, andererseits auf die Nachkommenschaft bezieht: *Du sollst gegen allen Schein, / Vater meines Volkes sein* – komplementär zu *Land* und *Stamm*, die Abraham verlassen muss. *Gegen allen Schein* weist voraus auf das später in den Abrahamsgeschichten herausgestellte Lebensalter von Abraham und Sara (v. a. 1. Mose 18,11 f.); das niederländische Original hatte nach 1. Mose 15,5 die Unzählbarkeit der Nachkommenschaft akzentuiert: *Tel de sterren in de nacht, / zo groot wordt jouw nageslacht.*

Die 2. Strophe bringt das Versprechen des Segens, der sich auf das unbekannte *Land* und auf Gottes *Volk* bezieht, diese Bezüge aber zugleich transzendiert: *bin mit dir auf allen Wegen; / alle Menschen, groß und klein, / solln in dir gesegnet sein.* Dass Gott

[1] Zur rhetorischen Steigerung durch Verdoppelung vgl. z. B. *Eli, eli* … Mk 15,34; *Simon, Simon* … Lk 22,31.

[2] Hinweis von Andreas Marti.

nicht Israel allein, sondern mit Israel auch die Völker meint, hat eine feine Analogie darin, dass ihm nicht nur an Erwachsenen, sondern auch an Kindern liegt: *groß und klein.*

Da zog Abram aus, wie der Herr zu ihm gesagt hatte (1. Mose 12,5a). Die 3. Strophe expliziert den in der biblischen Ausführungsnotiz unausgesprochenen erstaunlichen Tatbestand, dass Abraham der an ihn ergangenen Berufung, bestehend aus Auftrag und Verheißung, umstandslos, *ohne Klagen, ohne Fragen,* Folge leistet: indem er nur *auf das Wort hin,* ohne weitere Beglaubigung, der Verheißung vertraut und dem Auftrag gehorcht. Der Schlusssatz *Richtung weist ihm Gottes Wort* ist eine sowohl sprachlich[3] als auch in der technischen Wortverbindung *Gottes Wort* etwas ungelenke Wiedergabe des eleganteren *langs de weg die God hem wijst.*

Christine Reents bemerkt, dass *Abraham, Abraham* „sich in der Kinderarbeit, in Schulgottesdiensten und im Unterricht bewährt [habe], obwohl es didaktisch schwierig ist, die im Anklang an Gen 12,1–3 dichterisch stilisierte Gottesrede sachgerecht zu erschließen."[4] Dieser Schwierigkeit zum Trotz besteht das Potential des Liedes als Kinderlied auf jeden Fall darin, dass es die Begegnung von Kindern mit diesem biblischen Kerntext emotional zu verankern hilft. Die Kenntnis dieser Schlüsselstelle der biblischen Geschichte Gottes mit der Welt gehört sicherlich zum Elementarbestand der Bibelkunde, bei *groß und klein.* Eher für Erwachsene als für Kinder hält das Lied die Frage bereit, ob sie sich auch im vorgerückten Alter und im Rückblick auf eine bewegte Lebensgeschichte, die zu einer gewissen äußeren und inneren Sesshaftigkeit geführt hat (vgl. für Abraham 1. Mose 11,31), eine existenzielle Hör- und Aufbruchsbereitschaft bewahrt haben.

Martin Evang

[3] Diethard Zils übersetzte zunächst: „Kompaß ist das Gotteswort" s. o. Text/Abweichungen.

[4] Christine Reents, Was ist neu am erneuerten Evangelischen Gesangbuch? Beobachtung einer Praktischen Theologin, in: Meyer ^{2}1997, 1–28, hier 16.

312 Kam einst zum Ufer

Text

Verfasser Jürgen Henkys **Entstehung** vgl. Kommentar **Vorlagen** Huub Osterhuis (1962), *Kwam van Godswege* gedruckt in: Liedboek voor de kerken 1973; Mt 3,1–12; Lk 3,10–14 **Quelle** *Niederländische Kirchenlieder aus Liedboek voor de Kerken (1973).* Übertragen von Jürgen Henkys und Ad den Besten, in: Bulletin I.A.H. 4, Groningen 1977, 64–78, Nr. 46 **Ausgabe** *Steig in das Boot. Neue Niederländische Kirchenlieder* (Jürgen Henkys), Berlin 1981 **Überschrift** *46 Kwam van Godswege* **Strophenbau** A/2a- A6/3b A7/3a- A6/3b A5/2a- A6/3b **Abweichung** 5,4 glauben *an seinen* **Verbindung TM** in der Q ohne M * M von Bernard Huijbers (*Gezangen voor Liturgie*, Hilversum 1984)

Melodie

Incipit 1_3b2 1_-7b **Verfasser** Jaap Geraedts **Entstehung** 1965 **Quelle** *Liedboek voor de kerken*, s'-Gravenhage 1973 **Ambitus** 464343b **Abweichung** Tonartvorschrift mit zwei Kreuzen (in Zeile 3 *cis"* zu *c"* aufgelöst) **Verbindung MT** in der Q: *Kwam van Godswege*

Literatur

HEG II, 109f.140–142.235f ** ThustB, 278/Nf, 257; ThustL II, 83f; Een Comp, 228f ** NSK 1 (1987), 4–6 (mit drei Sätzen zum Lied); Meyer ([2]1997) 106.208f ** Lieberknecht, Ulrich: Gemeindelieder. Probleme und Chancen einer kirchlichen Lebensäußerung, Göttingen **1984**, 154–157 * Seibt, Ilsabe/Evang, Martin: Monatslieder. Liturgische Anregungen für das Kirchenjahr 2011/12, Thema: Gd 36 (**2012**) 59–61

Kam einst zum Ufer gehört zu den ersten Liedern des 1973 erschienenen niederländischen „Liedboek voor de kerken", die Jürgen Henkys von 1975 an ins Deutsche übertrug und die nach mehrjähriger Verzögerung erst 1981 unter dem Titel „Steig in das Boot" gesammelt erschienen. Im bereits 1979 geschriebenen Vorwort dieser Sammlung berichtet Henkys:[1]

> Nicht begonnen worden wäre diese Arbeit ohne den Kongreß der Internationalen Arbeitsgemeinschaft für Hymnologie 1975 in Groningen, an dem ich teilnehmen konnte; nicht zustande gekommen ohne das ausgedehnte briefliche und mündliche Gespräch, in dem mich Ad den Besten (Amsterdam) in zahlreichen Details beraten, und das will sagen: verunsichert, angeregt

[1] Steig in das Boot. Neue niederländische Kirchenlieder ausgewählt und übertragen von Jürgen Henkys, Berlin 1981/ Neukirchen-Vluyn 1982, Vorwort, 6f, hier 7.

und bestätigt hat; nicht zusammengefaßt ohne das freundliche Echo auf vorausgehende Liedabdrucke in der DDR[2] und in den Niederlanden[3].

Die Übertragung *Kam einst zum Ufer* hatte Henkys bereits am 26.10.1975 an Wolfgang Fischer, den für die Vorbereitung des EKG-Beihefts beim Bund der Evangelischen Kirchen in der DDR Zuständigen, geschickt und das Lied charakterisiert als „ein Adventslied vom Typ der dort [im ‚Liedboek'] mehrfach vertretenen biblischen Ballade".[4] Das Täuferlied wurde erstmals am 1. Advent 1975 (30.11.) in Petershagen, Henkys' Wohnortgemeinde östlich von Berlin, gesungen.[5] Hätte das EG nicht die (mit nur fünf Liedern bestückte) Rubrik der „Biblischen Erzähllieder" – eben jene „biblischen Balladen" – etabliert, hätte *Kam einst zum Ufer* auch gut bei den Adventsliedern unterkommen können; es fügt sich genau ins Proprium des 3. Sonntags im Advent.[6] In der neuen „Ordnung gottesdienstlicher Texte und Lieder" ist EG 312 eines der beiden „Lieder des Tages" am 24. Juni („Tag der Geburt Johannes des Täufers [Johannis])".

Henkys überträgt Oosterhuis' „Lied vom Täufer" in der Version von 1973 (Liedboek Nr. 46), weshalb abweichende Fassungen von Oosterhuis' Hand, eine frühere[7] und eine spätere[8], die auch das „Liedboek" von 2013 aufnimmt (Nr. 456a.b), hier unberücksichtigt bleiben können.

Im Schema von Strophen, Reim und Metrum folgt die Übertragung dem Original. Die sieben Strophen enthalten je sechs, im Kreuzreim ababab verbundene Zeilen. Die beiden letzten Zeilen jeder Strophe kombinieren zwei der vorherigen Zeilen – zumeist die erste und die vierte Zeile, in Strophe 5 die beiden ersten, in Strophe 7 die beiden mittleren – zu einem in der Regel neuen Verspaar und variieren sie dabei teilweise. Metrisch entsprechen einander die auftaktigen Zeilen 2, 4 und 6 mit jeweils sechs Silben in drei Jamben, dazu die ebenfalls jambisch-auftaktige Zeile 3, die mit einer zusätzlichen unbetonten Silbe klingend endet. Nur in dem letztgenannten Detail gleicht Z. 3 den Zeilen 1 und 5; diese sind allerdings nur fünfsilbig und setzen mit starker Anfangsbetonung ‚volltaktig' mit einer Halben ein. Den Charakter der Zeilen 5 und 6 als ‚Reprise' der Zeilen 1 und 4 unterstreicht auch die Melodieführung: Z. 5 nimmt Z. 1 im Quintabstand, Z. 6 nimmt Z. 4 im Terzabstand wieder auf.

Der Text des Liedes gliedert sich in drei Strophenpaare und die Schlussstrophe. Str. 1 und 2 paraphrasieren die Angabe der Evangelien, dass Johannes der Täufer in Erfüllung der prophetischen Verheißung Jesaja 40,3 f. – *so steht geschrieben* (2,1.5) und also *nach Gottes Wort und Plan* (1,2) – als *Prediger* bzw. *Rufer in der Wüste* aufgetreten ist. Diese

[2] Im DDR-Beiheft zum EKG „Neue Lieder" 1978 (^{2}1982) waren bereits fünf dieser Liedübertragungen enthalten, darunter als Nr. 3 *Kam einst zum Ufer*.

[3] S. o. Text/Quelle – Henkys' Liedübertragungen erschienen ferner in: Mededelingen der G. van der Leeuw Stichting fasc. 50, 53, 58 und 59.

[4] Nachlass Jürgen Henkys, Evangelisches Zentralarchiv (EZA) Bestand 811.

[5] Vgl. Henkys Bericht bei Meyer ^{2}1997, 106.

[6] W. G. Overbosch: „… een Evangelie-lied, een ballade, voor de sondagen van de Advent: Johannes de Doper is dan van ouds één der klassieke gestalten, die naar de komende Messias verwijzen" (Een Comp, 228).

[7] Adventsliturgie, Hilversum 1962.

[8] Aandachtig liedboek, Baarn 1983.

Identifizierung wurde biblisch ermöglicht oder zumindest erleichtert, indem *in der Wüste* nicht mit *Bereitet dem HERRN den Weg* (so Jes 40,3), sondern mit *Stimme eines Predigers* verbunden wurde (so Mk 1,2 und die synoptischen Parallelen). Das Lied unterläuft diese Verschiebung, indem es das Wirken des Täufers anders als die niederländische Vorlage gar nicht in der Wüste, sondern (mit einem Reimwort zu *Rufer*) am *Ufer* (1,1) lokalisiert, und zwar am Ufer des Jordan, wie die Erwähnung der *Jordanfurt* (Reimwort zu *Gurt*) in 3,4.6 klarstellt. Der Name *Johannes* („JHWH hat sich erbarmt") erfährt gemäß seiner Bedeutung in der Erzählung seiner wunderbaren Geburt (vgl. Lk 1,13.59–63) und – implizit – im Lobgesang seines Vaters Zacharias (Lk 1,68–79) eine gewisse Betonung: *Johannes hieß der Mann* (1,4.6; vgl. ebenso betont Joh 1,6: *Es war ein Mensch, von Gott gesandt, der hieß Johannes*). Die Angaben, die in Jes 40 und in der Zitation in den Evangelien die Planierung der Trasse beschreiben, auf der der Herr Einzug halten soll, werden metaphorisch verallgemeinert: *Was krumm ist, macht gerad. / Macht groß, was klein geblieben, / und eben jeden Pfad* (2,2–4). Darin wird bereits die Umkehrpredigt bzw. ethische Verkündigung des Täufers intoniert, deutlicher noch in Oosterhuis' Original: *geen kwaad mag zijn bedreven*, „kein Böses darf getan werden" (2,3).

Die beiden folgenden Strophenpaare 3–4 und 5–6 sind analog aufgebaut: Auf eine an den Täufer gerichtete Frage folgt seine Antwort – Frage und Antwort jeweils in wörtlicher Rede; das lädt dazu ein, diese Strophen mit verteilten Rollen zu singen. Gegenüber dem Original hat Henkys das Frage-Antwort-Schema geschärft, indem er Str. 4 von einer Auskunft, die sich die Fragenden selbst geben (*Dat wij omkeeren …*), zu einer echten Antwort des Täufers gemacht hat (*Aufschaun, umkehren …*).

Str. 3 fragt den Täufer nach der Botschaft seiner Kleidung und seiner Predigt (die Vergangenheitsform *liefst* und *riefst* ist wie im niederländischen Original wohl vor allem dem Reim geschuldet). Die Frage: *Täufer, was liefst du / umher in Fell und Gurt / wie ein Prophet?* erinnert an seine durch Markus und Matthäus überlieferte auffällige Kleidung: Er *hatte ein Gewand aus Kamelhaaren an und einen ledernen Gürtel um seine Lenden* (Mt 3,4; vgl. Mk 1,6). Dass er sich von *Heuschrecken und wildem Honig* ernährte (ebd.), darf mitgehört werden; in *Brot und Mantel* (6,1.5) erscheinen Nahrung und Kleidung ausdrücklich verbunden. Die Teilfrage nach der Botschaft der Kleidung wird zusammen mit der Teilfrage nach dem Inhalt der Predigt beantwortet: *Was riefst du / dort an der Jordanfurt?*, nämlich so: *Aufschaun, umkehren, / loslassen, was nicht hält!* – und dies mit Blick auf das bevorstehende Strafgericht Gottes. Die schroffen Aufrufe des Täufers geben seine durch das Matthäus- und das Lukasevangelien bezeugte Umkehr- und Gerichtspredigt prägnant wieder (vgl. Mt 3,7–10; Lk 3,7–9). Die wüstentypische Kleidung und Nahrung, ja, der Auszug aus der Zivilisation in die Wüstenexistenz illustrieren die Weisung: *Loslassen, was nicht hält!* Oosterhuis' Original ist hier noch deutlicher: *verlaten ons domein*, worin Gottes Zumutung an Abraham, Vaterland, Verwandtschaft und Vaterhaus zu verlassen (1. Mose 12,1), mitklingt. In der Botschaft des Täufers lassen sich die religiöse Dimension (das Gottesverhältnis: *aufschaun*; *das Wort des Herren hören*) und die ethische Dimension (die sozialen Beziehungen: *umkehren*) wohl unterscheiden, allerdings nicht trennen; dies zeigt sich noch markanter im nächsten Strophenpaar 5–6.

Täufer, was sollen / wir tun, wenn er jetzt kommt? (5,1–2) *Wer* da kommt, und zwar *jetzt*, das wurde bisher nicht expliziert. Im Zusammenhang der ausdrücklichen Gerichts- und Umkehrpredigt (Str. 4) ist es der zum Gericht kommende Gott, aber natürlich schwingen in dieser biblischen Ballade zur Adventszeit die Bilder von Johannes als dem Vorläufer, Wegbereiter und Zeugen Jesu von Anfang an mit. Explizit wird dies allerdings erst in der letzten Strophe. Auf die Frage nach dem nun gebotenen Tun ergeht eine zweiteilige Antwort, in der sich die Unterscheidung der religiösen und der sozialen Dimension deutlicher ausprägt. Die religiöse: *Dem Herrn die Ehre zollen / und glauben seinem Bund*[9] (5,3–4) – eine Anweisung, die mindestens ebenso sehr reformierter Theologie und Frömmigkeit wie der Predigt Johannes des Täufers entspricht. Sodann die soziale Dimension, zunächst in enger Anknüpfung an die nur von Lukas überlieferte sogenannte Standespredigt des Täufers (Lk 3,10–14): *Teilt Brot und Mantel, / raubt niemandem sein Gut / und macht mit eurem Wandel / bedrückten Menschen Mut* (6,1–4). Dies impliziert, dass Johannes seinen Zuhörern das *Loslassen, was nicht hält* (4,2) zwar nicht in der ihm eigenen radikalen Konsequenz (Mk 1,6; Mt 3,4), aber doch in einer wahrnehmbaren und wirksamen Zeichenhaftigkeit abforderte; jedoch geht die verallgemeinernde Ermahnung (zumal in Z. 6: *macht allen Menschen Mut*) deutlich über die Täuferpredigt, die sich an dieser Stelle an Zöllner und Soldaten wendet, hinaus (zum Gedanken vgl. noch Mt 5,16; 1. Petr 2,12).

Str. 7 wirft die Frage auf, wer hier eigentlich zu wem redet. In Z. 5 f (*Kind, uns geboren, / du bist der Friedefürst)* ist es die christliche Gemeinde, die in der Adventszeit die weihnachtliche Erfüllung der Verheißung aus Jes 9,5 singend-bekennend vorwegnimmt. Von daher legt es sich nahe, in Z. 1–4 weiterhin Johannes den Täufer reden zu hören,[10] jedoch in der Rolle, in der ihn bereits die Evangelien in Anspruch nehmen: als Zeuge dessen, *der nach mir kommt* (Mt 3,11; Mk 1,7 f; Lk 3,16; Joh 1,26), und in der ihn zusätzlich die Ordnung des christlichen Kirchenjahres beansprucht: als adventlicher Künder der Geburt des Christus Jesus. Im Binnenraum des Liedes ist Jes 40 (Str. 1 f) nun aber durch Jes 9 überblendet, und an die Stelle des von Johannes in den Evangelien angekündigten Feuer- und Geisttäufers (ebd.), der das Gericht vollzieht, ist der neugeborene *Friedefürst* getreten. Das heißt nun nicht, dass mit *Volk, auserkoren, / damit du Rufer wirst* (Z. 1 f) exklusiv die christliche Kirche und nicht mehr das jüdische Volk gemeint wäre. Bei Henkys, allerdings noch deutlicher bei Oosterhuis, ist es die jüdische Stimme des Täufers, die dem jüdischen Volk seine Bestimmung (*Volk auserkoren, / damit du Rufer wirst*; orig.: *Volk uitverkoren / om eeuwig te bestaan*) und die prophetische Ansage in Erinnerung ruft (*Ein Kind ist dir geboren, / und das heißt Friedefürst*; orig.: *een kind wordt u geboren, / Messias is zijn naam*). Dies nimmt die christliche ‚Kirche aus Juden und Heiden', den Messias Jesus bekennend, auf: *Kind, uns geboren, / du bist der Friedefürst.*

Martin Evang

9 Hier hat Henkys gegenüber den ersten Publikationen seiner Liedübertragung, in denen es *glauben an seinen Bund* hieß, das Metrum geglättet.

10 Allerdings hätte dies Henkys durch Anführungszeichen, durch die er die Rede des Täufers in Str. 4–6 präzise kennzeichnet, wohl auch hier markiert.

Die Melodie schrieb Jaap Geraedts (1924–2003) im Jahr 1965 dem Adventslied von Huub Oosterhuis auf den Leib. Die textliche Reprise von (zumeist) Z. 1 in Z. 5 und von Z. 4 in Z. 6 wird durch die Parallelführung – Z. 5 eine Quinte höher als Z. 1 bzw. Z. 6 eine Terz tiefer als Z. 4 – musikalisch verstärkt.

Die Melodie gehört zu dem für das mittlere 20. Jahrhundert typischen neomodalen Stil, der gerade im niederländischen Melodieschaffen der Zeit eine dominierende Rolle gespielt hat. Der Modus ist als *e*-dorisch zu bezeichnen: Beginn auf *e* mit kleiner Terz und ohne Leitton, in den mittleren Zeilen am Terzton *g* orientiert – nach modernem Verständnis also an der Dur-Parallele –, und in den letzten beiden Zeilen wieder auf *e* basiert. Die hohe 6. Stufe *cis* in Zeile 5 entspricht dem Tonvorrat des Dorischen, ohne dass allerdings die typischen Formeln des mittelalterlichen Modus verwendet würden. Die übliche Notation des *e*-Dorischen wäre – wie in der Quelle – mit einer Vorzeichnung von zwei Kreuzen. Die hier gewählte Lösung verdeutlicht die vom Dur-Moll-Verständnis abweichende hohe 6. Stufe.

Der Zwei-Halbe-Takt verlangt ein zügiges Singen – „een vlot-vertellend tempo“[11] –, und der auf Viertel und Halbe sowie kleine Intervallschritte beschränkte Melodieverlauf ohne harmonische oder rhythmische Besonderheiten bietet dafür auch keine Hindernisse. Das Frage- und Antwort-Schema der Strophen 3–6 lädt zu einem Singen mit verteilten Rollen ein.

Andreas Marti

[11] Wim Kloppenburg, Een Comp, 229.

335 Ich will den Herrn loben allezeit

Text

Quelle Ps 34,2 **Abweichung** (nach vollständigem V. 2 Teil-Wiederholungen)

Melodie

Incipit 1_1_1_2_234_32 3_345_434321-7__ 1__ **Verfasser** Georg Philipp Telemann **Quelle** *Telemanns CANONES à 2, 3, 4* [Hamburg 1735/36][1] **Ausgabe** Georg Philipp Telemann, Zwölf geistliche Kanons für zwei bis vier Stimmen (Hg. Fritz Stein), Berlin/Darmstadt 1954; Werkverzeichnis: TWV 10:8[2] **Ambitus** G: 10; Z: 6b10459 **Abweichungen** Taktangabe C; Ton höher; [Zeilenzählung im folgenden je bis zu einer Pause:] Z.1 vor N 1 Achtelpause; Z. 3 N 5–7 Silbe *-de* (ohne *sein*); Z. 4 N 1 *e"*; Schlussnote Halbe mit Halbepause; ohne Wiederholungszeichen **Verbindung MT** wie EG

Literatur

HEG II, 319f ** ThustB, 296/ Nf, 275; ThustL II, 133 * RößlerL (²2001), 123.487 ** Klek, Konrad: Neues Gesangbuch – Neues Singen? Perspektiven für das Singen in der Gemeinde nach dem Vorentwurf zum neuen Gesangbuch, Pastoraltheologie 80 (**1991**), 215–230, bes. 224

Georg Philipp Telemann hat – vermutlich um 1735 – in Hamburg unter dem Titel „CANONES à 2, 3, 4" zwölf Kanons veröffentlicht. Bei den Texten handelt es sich um die Anfangsverse verschiedener Psalmen. Die Kanons sind in der Ausgabe nach Stimmenzahl geordnet. Bekannt wurden sie durch die Aufnahme von sieben unter ihnen in das zweite Bändchen von Fritz Jödes „Der Kanon" (Erstausgabe 1926).

Anders als die meisten verbreiteten Kanons handelt es sich nicht um Zirkelkanons, deren Einsätze sich die Stimmen eines drei- oder vierstimmigen Satzes teilen und beliebig zu wiederholen sind. Allerdings ist eine Wiederholung im Falle unseres Kanons möglich – anders als bei den übrigen von Telemanns Sammlung –, weil die letzten Takte nach Harmonik und Stimmführung mit den Anfangstakten kombinierbar sind. Zwingend ist die Wiederholung aber nicht, und von Telemann war sie auch nicht vorgesehen.

Telemann hat seine Kanons als Fugenkanons geschrieben, deren Stimmen sich sukzessive überlappen. Diesen Typus hat in kontrapunktisch höchst anspruchsvoller Weise

[1] Alle Angaben nach dem Exemplar der Landesbibliothek Mecklenburg-Vorpommern, Schwerin, Signatur Mus. 5398.

[2] Martin Ruhnke, Georg Philipp Telemann. Thematisch-systematisches Verzeichnis seiner Werke, Kassel 1984–1999.

auch Johann Sebastian Bach gepflegt, nämlich in den Goldberg-Variationen, in der „Kunst der Fuge“ und in den kanonischen Veränderungen über „Vom Himmel hoch, da komm ich her“. In diesem Konzept ist es möglich, dass sich die harmonische Situation fortlaufend verändert; in Telemanns kurzem Kanon bleibt jedoch die Harmonik in jedem Takt dieselbe, nämlich Tonika-Tonika-Subdominante-Dominante. In dieses schlichte Grundmuster, das sich im dritten Takt als Tonfolge der Akkordgrundtöne manifestiert, hat Telemann eine Melodie eingefügt, die auch ohne die kanonische Ausführung musikalisch sinnvoll ist. Charakteristisch für die Melodiebildung ist die aus einem Achtel und zwei Sechzehnteln bestehenden Figur, die – etwa in Johann Walthers Lexikon[3] mit Verweis auf ältere Literatur – „figura corta“ genannt wird. Sie ist von fröhlich-lebendigem Ausdruck; Albert Schweitzer hat sie im Blick auf ihre Verwendung bei Bach unter die „Freudenmotive“ gezählt. Zu verweisen wäre etwa auf das Duett „Er kennt die rechten Freudenstunden“ aus der Kantate BWV 93, an die Bearbeitung von „Mit Fried und Freud ich fahr dahin“ im „Orgelbüchlein“ oder an den ersten Satz des 3. Brandenburgischen Konzerts.

Man mag sich fragen, wie weit ein so konzertantes Stück für den Gemeindegesang geeignet ist. Dabei ist zu bedenken, dass nicht wenige Menschen den Kanon kennen und dass im Gottesdienst manchmal Situationen geschaffen werden können, in denen unter Anleitung auch Anspruchsvolleres gesungen werden kann. Schließlich will ja das Evangelische Gesangbuch ein Buch sein, das auch in anderem Rahmen zu verwenden ist, in Gruppen, im Haus, in Chören, wo Telemanns kleines Meisterwerk zur Geltung kommen kann.

Andreas Marti

[3] Johann Gottfried Walther, Musicalisches Lexicon oder Musicalische Bibliothek, Leipzig 1732, Faks. Kassel (1953) [3]1967, 244.

347 Ach bleib mit deiner Gnade

EG 347(ö) GL2 436ö RG 342(ö) EM 504(ö)

Text

Verfasser Josua Stegmann **Quelle** *Christliches Gebetbüchlein, Auff die bevorstehende Betrübte, Krigs, Theurung und SterbenZeiten gerichtet* (Josua Stegmann), Rinteln 1627 **Überschrift** *Gebet umb die Erhaltung der Lehre vnd Kirche Gottes* Nr. IX: *Ach bleib mit deiner Gnade* **Ausgabe** FT II,467 **Strophenbau** A7/3a- A6/3b A7/3a- A6/3b vgl. Frank 4.20 **Abweichungen** 3,2 du *wahres* Licht; 3,4 wir *abfallen* nicht; nach 6,4 *Amen.* * GL2: ohne Strophe 5 **Verbindung TM** in der Q ohne M * Melodieangabe wie EG in: DKL 1648[04]; vgl. Z I,132 mit Ergänzung Z II, S. 638 * eigene Melodien: Z I,136 (C. Cramer; DKL 1641[02]); Z I,137–140.145 (18.–19. Jh.); Z III,5532 (DKL 1768[04]; achtzeilige Melodie durch Zusammenfassung von je zwei Strophen)

Melodie

s. *Christus, der ist mein Leben* (EG 516)

Literatur

HEKG (Nr. 208) III/2, 86 f; Sb, 321 f; HEG II, 310 f ** ThustB, 307 f/Nf, 285 f; ThustL II, 156 f ** KLL (1878/1967) I, 2 f; (1879/1967) II, VIII; Nelle ([3]1924/1962) Nr. 182; Bruppacher (1953) 226–228; RößlerL ([2]2001), 473 ** Pröschold, Otto: Die biblische Grundlage des Liedes „Ach bleib mit deiner Gnade, in: MGKK 29 (**1924**) 266–268 * NelleG ([3]1928/1962), 108.117 * Lauterburg, Otto: Nun danket alle Gott. Betrachtungen zu Liedern des Gesangbuchs der evangelisch-reformierten Kirchen der deutschsprachigen Schweiz, Bern **1953**,124–126 * Rössler, Martin: Bibliographie der deutschen Liedpredigt, Nieuwkoop **1976**, 238 * Sauer-Geppert, Waltraut: Evangelisches Gesang- und Gebetbuch für Soldaten. Ein Literaturbericht, JLH 23 (**1979**), 170–183 (bes. 180) * Smilde, Bernard: Alte Melodieformeln in neuen Kirchenliedern, JLH 26 (**1982**) 185–189 (bes. 187 f) * Roser, Hans: Lieder der Christenheit. Die Wochenlieder im Kirchenjahr – Geschichte, Hintergründe, Wissenswertes, Neukirchen-Vluyn **1995**, 51 f * Lähnemann, Johannes: Liedpredigten. Mit Kunstwerken von Rika Unger, Nürnberg **1996**, 34–41* Seibt, Ilsabe: Der Einfluss Schleiermachers auf den Gemeindegesang, MuK 68 (**1998**), H. 2. 68–77, bes. 73 f * Bernoulli, Peter Ernst: „Bleibe bei uns, denn es will Abend werden …“. Nachwirkungen von Lukas 24,29 im Kirchenlied, in: Werkheft zum Gesangbuch 4: Innehalten im Tageskreis, Gossau/Basel/Zürich **2001**, 124 f

Das Lied gehört bis heute zu den meistgesungenen in der Ökumene deutscher Sprache, häufig als Schlusslied eines Gottesdienstes oder einer (auch ökumenischen) Andacht, zuweilen als Antwort auf eine Predigt. Dabei entstand es in Zeiten tiefen Unfriedens unter den Christen und Bürgern Mitteleuropas. Josua Stegmann, Superintendent der

Grafschaft Schaumburg-Lippe und Theologieprofessor der Universität Rinteln, dichtete das Lied mitten im Dreißigjährigen Krieg für sein „Christliches Gebetbüchlein" (1627). Er war bedrängt durch konfessionelle Kontroversen nicht nur militärischer, sondern auch juristischer Art, die letztlich zu seinem Tod (1632) geführt haben sollen.

Die sechs Strophen verraten die konfessionellen Kontroversen, in denen es entstanden ist, nicht auf den ersten Blick. Allerdings weist der Dichtertheologe mit seiner Überschrift in jenem Gebetbuch darauf hin: „Gebet um Erhaltung der Lehre und Kirche Gottes". Das hieß damals nichts anderes als Luthers *Das Wort sie sollen lassen stahn* (EG 362,4). Was das bedeutet, darüber wurde damals gestritten – und wird heute hoffentlich zusammen nachgedacht, ernsthaft und immer wieder.

Die sechs parallel gebauten Strophen beginnen alle mit denselben beiden Worten *Ach bleib*. Damit verankert der Dichter das Lied biblisch bei der österlichen Geschichte von den Emmaus-Jüngern: *Bleibe bei uns, denn es will Abend werden, und der Tag hat sich geneigt. Und er ging hinein, bei ihnen zu bleiben* (Lk 24,29). *Bei ihnen*, also *bei uns* – auch das sechsmal gebeten. Stegmann betet durchweg im Plural, sagt (bzw. singt) nicht „ich", sondern *wir.*[1] Was *wir* für *uns* erbitten und erwarten, konkretisieren die Strophen in sechs Folgesätzen. Jede Strophe nennt Christus mit einem anderen Hoheitstitel und benennt ein Gut, *mit* dem er bei den Seinen *bleib*en möge. Dabei werden in den Strophen 1, 3 und 5 – negativ – Bewahrungsbitten formuliert, in 2, 4 und 6 – positiv – Hilfsbitten:

1. *Gnade – Herr Jesu Christ –* gegen des *bösen Feindes* (alias „Teufels") *List*
2. *Worte – Erlöser wert –* für *dein Güt und Heil*, und zwar *hier und dorte*
3. *Glanze – du wertes Licht – Wahrheit* als Schanze gegen Irrtum und Verirrung
4. *Segen – du reicher Herr – dein Gnad und alls Vermögen* (als Können und Bewirken)
5. *Schutze – du starker Held –* gegen den *Feind* und *die böse Welt*
6. *Treue – mein Herr und Gott –* für *Beständigkeit* und gegen *Not*

Was strophische Auswahl und Zuordnung dieser Begriffe anbelangt, sollte man, so plausibel sie auch erscheinen, den Einfluss theologischen Tiefsinns nicht überbewerten. Auch Reimfindung kann geistliche Einsichten zeitigen. So kommt etwa in Str. 1 die *Gnade* zur Sprache, wo sonst der Gegensatz zwischen Christus und dem Teufel bestimmend ist, aber *Gnade* reimt sich gut auf ihren Gegensatz *schade* (als Optativ: schaden möge). In Str. 3 passt *Glanze* gewiss gut zu *wertes Licht*, lässt dabei aber *Wahrheit* (nach Joh 14,6 ist das Christus selbst) als *Schanze*, als Schutzwall gegen Verirrungen, auftauchen. Ähnliche Affinitäten kann man in Str. 5 (*Schutze – Feind nicht trutze*) und Str. 6 (*Treue – Beständigkeit verleihe*) entdecken, während die Zusammenstellungen in Str. 2 und 4 eher allgemeiner Art, weniger spezifisch sind.

Eine gewisse theologische Leichtgewichtigkeit kann die Rezeption des Liedes Jahrhunderte hindurch gefördert, sie kann sie aber auch, wenn religiöse Traditionen abhandenkamen, behindert haben. Der Lebenskraft dieses Liedes scheint es nicht ernsthaft geschadet zu haben. Vielleicht vom Dichter gar nicht zum Singen bestimmt, erschien es

[1] Ausnahme: *mein Herr und Gott* in Str. 6 – als Zitat aus Joh 20,28.

zunächst ohne Melodie und schloss mit einem prosaischen *Amen* (siehe hymnologische Nachweise). Aber spätestens seit 1648 begegnet es mit der Melodie des Sterbeliedes von Melchior Vulpius *Christus, der ist mein Leben* (EG 516). In diesem musikalischen Gewand, dem inzwischen seine Originalgestalt zurückgegeben wurde, ist es bis heute fester Besitz vieler Gemeinden.

JOACHIM STALMANN

349 Ich freu mich in dem Herren

EG 349 EM 288

Text

Verfasser Bartholomäus Helder **Entstehung** vor 1635 [Todesjahr Helders] **Vorlage** Jes 61,10 **Quelle** [*CANTIONALE SACRUM,*] *Geistlicher Lieder/Mit 3.4. etc. oder mehr Stimmen Ander Theil,* Gotha 1648 (DKL 1648^{24})[1] **Überschrift** *XVII.* [Kolumnentitel:] *Vber das andere Gebot.* [verso] *à 4. Helderi Esa. 61.* [recto] **Ausgabe** FT II,27 **Strophenbau** A7/3a- A6/3b, A7/3a- A6/3b, A7/3c- A6/3d A7/3c- A6/3d vgl. Frank 8.7 (‚Hildebrandston') **Abweichungen** 2,4 in *Christo*; 3,4 *Für* Gott; 4,5 damit *hertzlich* prangen; 4,6 *Für* Gottes **Verbindung TM** wie EG * *Valet will ich dir geben* (EG 523; Alternativmelodie bei Freylinghausen DKL 1708^{04} und 1741^{03}) * bei Georg Philipp Telemann (DKL 1730^{11}) verwiesen auf: *Ach Herr, mich armen Sünder* (= EG 85, II. Melodie)

Melodie

Incipit 1 5543 2_1 **Verfasser** Bartholomäus Helder **Quelle** s. o. Text/Quelle **Ausgabe** Z III,5427 **Ambitus** G: 8; Z: 54(54)4463 **Abweichungen** Q: mit 4st. Satz (Helder); kleine Terz höher; Z. 1 vorab Halbe- und Viertelpause; nach Z. 2/4 Pause nach statt vor Wiederholungszeichen; Z. 5 N 5 ohne ♯; Z. 5–8 werden wiederholt; Z. 8 Schlusston zunächst Ganze, bei der Wiederholung Doppelganze * EM: mit 4st. Satz (nach Samuel Furer 1952) **Verbindung MT** wie EG * weitere Texte (nach Z III, 5427): *Wie soll ich dich empfangen* (1784), *Die auf der Erde wallen* (1825), *Erwacht zu neuem Leben* (1828), *Befiehl du deine Wege* (1839), *Wohl dem, der Gott verehret* (1841) * neuere Textzuweisungen *Der Tag hat sich geneiget* (EG 472/ EKG 357); *O König aller Ehren* (EG 71/ EKG 49); *Es ist so still geworden* (EKG-Regionalteil Pfalz 491)

Literatur

HEKG (Nr. 49 [nur Melodie]) III/1, 249; Sb, 87; HEG II, 138 f ** ThustB, 308 f/Nf, 286; ThustL II, 158 f ** KLL (1878–1886) I, 332; Schlunk (1951) 176

Die Gesangbuchkarriere dieses prägnanten Liedes zur Rechtfertigungsthematik aus der 1. Hälfte des 17. Jh. ist noch jung. Es fand sich zwar außer in der Originalquelle – dem Gothaer Chorgesangbuch (1648) primär für den Gebrauch in Lateinschulen – auch in einigen Gesangbüchern wie dem Geistreichen Gesangbuch Johann Anastasius Freylinghausens (seit Halle 1704), den „Liederschatz"-Sammlern und Gesangbuchrestauratoren des 19. Jh. fiel es aber nicht auf. Auch das DEG (1915) führte es nicht. Erst im mit vielen Folgeauflagen weit verbreiteten Jugendgesangbuch „Ein neues Lied" taucht es 1932 auf

[1] Digitalisat Bayerische Staatsbibliothek München: https://t1p.de/pti9 (1.3.2021).

(Nr. 166).[2] Der hier musikalisch verantwortliche Alfred Stier (1880–1967) war offensichtlich ein Fan speziell dieser Melodie, wie aus seiner Besprechung (bei *O König aller Ehren*) im HEKG hervorgeht, und er sorgte beim EKG wohl auch für deren Zuweisung zu zwei weiteren Liedern im Standard-Strophenbau des „Hildebrandstons" (EKG 49/ EG 71 und EKG 357/ EG 472). Der ursprüngliche Text der Melodie schaffte es selbst allerdings nicht in den Stammteil des EKG, wohl aber in einige Regionalteile, wo das Lied sich so bewährte, dass es im EG nun zu Stammteilwürden kam, also 60 Jahre nach seiner Wiederentdeckung.

Bis 1932 hatte das Lied in Carl von Winterfelds großer Anthologie „Der evangelische Kirchengesang" überwintert, wo es in Band 2 (1845) unter Nr. 37 als mittleres von drei Beispielen für Liedsätze von Bartholomäus Helder (um 1585–1635) aufgeführt ist, allerdings nur mit dem Text der ersten Strophe.[3] Von hier konnte Ludwig Schoeberlein den Originalsatz (leicht abgeändert) in seine Anthologie „Schatz des liturgischen Chor- und Gemeindegesangs" übernehmen (Bd. 3, 1872, Nr. 429). Er lieferte alle vier Strophen mit. In dieser später vorwiegend für Chormusik-Hefte genutzten „Schatz"-Sammlung musste dieser Titel als „neues Lied" aber erst entdeckt werden.

Das von Otto Riethmüller (1889–1938) redigierte Jugendliederbuch von 1932 versteht das titelgebende „neue Lied" essentiell als Lobgesang über Gottes „Werk" am Menschen, das ihn durch die Vergebung der Sünden zur „neuen Kreatur" macht. „Im Liederbuch steht alles, was zu diesem Werk gehört, unter der einen Überschrift ‚Rechtfertigung'."[4] Für ein Jugendgesangbuch sehr geeignet, bringt dieses Lied die Rechtfertigungslehre katechetisch prägnant in nur zwei Strophen auf den Punkt: *In Sünd war ich verloren* (Str. 2)/ *All Sünd ist nun vergeben* (Str. 3). Strophe 1 und 4 bilden den Rahmen mit Ermunterung zum Lobgesang (Str. 1) und Dankgelübde für die Erlösung (Str. 4). Das Lied identifiziert sich selbst als *neues Liedelein* (Ende von Str. 1), bei Riethmüller in der Variante *ein neues Lied allein*.

Den katechetischen Zuschnitt des Liedes bestätigt die Erstveröffentlichung in einem Schulgesangbuch. Der Autor war zunächst als Kantor neun Jahre im Schuldienst tätig (Friemar bei Gotha), ehe er ein Pfarramt (Remstädt ebenfalls nahe Gotha) übernahm. Er war allerdings schon gut 10 Jahre tot, als nicht weniger als 54 Kantionalsätze von ihm im Gothaer „Cantionale sacrum" Aufnahme fanden. Eingeordnet wurde dieses Lied im 2. Band mit Gesängen zum Katechismus, etwas eigentümlich als Lied zum zweiten Gebot (*Ueber das andere Gebot*), gefolgt übrigens von J. H. Scheins fünfstimmigem *Was betrübst du dich, meine Seele* aus dem „Israelsbrünnlein" (1623), dessen Platzierung hier auch nicht zwingend erscheint.

Der Liedautor orientierte sich in seinen Dichtungen gerne an biblischen Sprachformen, namentlich der Psalmen. Auf ihn dürfte die Überschrift im Erstdruck zurückge-

[2] „Ein neues Lied" ist der Titel des Liederbuches für die weibliche Jugend, „Der helle Ton" für die männliche Jugend (mit identischen Liedbestand zuzüglich einiger Marschlieder).

[3] Von Winterfeld hatte in diesem Band auf S. 87–91 Helder als Komponisten von Kirchenmusik vorgestellt.

[4] In Folgeauflagen steht zu Beginn ein mit „Sommer 1933" datiertes Geleitwort („Zum Geleit") von Otto Riethmüller, die Zitate hier auf der zweiten Seite.

hen: „Jes 61". Gemeint ist Vers 10: *Ich freue mich im Herrn und meine Seele ist fröhlich in meinem Gott. Denn er hat mich angezogen mit Kleidern des Heils und mit dem Rock der Gerechtigkeit gekleidet*, eines der heute durch Fettdruck hervorgehobenen Worte der Lutherbibel. Der Liedeinstieg soll offensichtlich als Bibelzitat kenntlich sein. Selbst der Parallelismus *freue mich/fröhlich* wird umgesetzt mit *Ich freu mich in dem Herren/bin fröhlich Gott zu Ehren*, in der Wiederholung auf dieselben Töne gesungen. Die vier Zeilen des Abgesangs in der ersten Strophe entfalten die Sprachwerdung solcher Freude als Lob-Gesang. Im Gestus der Selbstvergewisserung und -ermunterung korreliert diese Strophe (*will ich singen*) auch mit Ps 104,33 (*ich will dem Herrn singen*, vgl. auch EG 340) – auf *mein Leben lang* dort bezieht sich *jetzt und zu aller Stund* (1,4). In Zeile 2 zitiert der Musiker-Dichter nicht Bibelwort, sondern das Incipit des Morgenliedes *Aus meines Herzens Grunde* (EG 443), das er wohl aus der Edition von Michael Praetorius (1610) kannte. Das „neue Lied", im Psalter Kennzeichen des Singens von Gottes Heil (Ps 96/ 98), markiert signifikant den Schluss der ersten Strophe. Das Diminutiv *Liedelein* (Reim zu *sein*) muss nicht kindgerecht/schülerspezifisch gemeint sein. In Verbindung mit der Kennzeichnung *lieblich* (dulcis) zeigt sich hier mystischer Sprachduktus. Die dreifache L-Alliteration *Lob, lieblich, Liedelein* korrespondiert dem dreimaligen fr zuvor: *freu, fröhlich, Freuden*. Der Präzisierung in Zeile 5 *zu Lob dem Namen sein* (nach Ps 96,2) verdankt das Lied wohl im Erstdruck die Zuordnung zum 2. Gebot *Du sollst den Namen des Herrn, deines Gottes nicht missbrauchen*.

Die zweite Hälfte des Jesaja-Wortes in der Überschrift liefert dem Lied das Bild vom Kleid (Rock) der Gerechtigkeit, das sich auch in Hiob 29,14 findet: *Gerechtigkeit war mein Kleid*. Das Lied verknüpft dies mit der Huldigung der *Königstochter* als *herrlich geschmückte* Braut *in gestickten Kleidern* (Psalm 45,14 f), zentral als Topos der Braut/Bräutigam-Mystik in barocker Frömmigkeit (seit Philipp Nicolai 1599, EG 70 und 147), in der eschatologischen Pointierung, solchermaßen geschmückt als Braut des Lammes vor Gottes Thron zu stehen (Offb 19,7 und 21,9). Namentlich *mit Heil* (Str. 3,8) gekleidet zu sein, wird in Ps 132,14 den Priestern im endzeitlichen Zion in Aussicht gestellt. Pointe ist so, dass der von seiner Schuld erlöste Mensch nicht nur im Gewand der Königsbraut erscheint, sondern im Christus selbst kennzeichnenden königlichen wie priesterlichen Habitus, somit in der endzeitlichen Perspektive des himmlischen Hochzeitsmahls (Offb 19,9), wie es auch das Kleidmotiv im Gleichnis Mt 22,11 f. vorgibt. Im *herrlich Prangen* (Str. 4,5) vor Gottes Thron sind dem Erlösten die Eigenschaften Christi zugewachsen. … *und hat uns zu Königen und Priestern gemacht vor Gott* benennt das Offb 1,6. Bildlich kann man den Topos der Gotteskindschaft der Gläubigen in Entsprechung zur Gottessohnschaft Christi (explizit ausgesprochen in Str. 2,4) kaum stärker markieren. Die Akzentuierung *ganz neu geschmücket* (Str. 3,5) gegenüber *neu geboren* (Str. 2,3), verbunden mit der Berufung zur *ewgen Seligkeit* (Liedende) korreliert mit dem sprachlichen Spannungsbogen im vielgliedrigen Eröffnungslob des 1. Petrusbriefes (V. 3–5): *Gelobt sei Gott / wiedergeboren zu einer lebendigen Hoffnung / zur Seligkeit. Neu geboren* ist auch im johanneischen Schrifttum akzentuiert, ausgehend von Joh 3,3.7. – „Wiedergeburt" benennt Riethmüller im Geleitwort seines Gesangbuchs übrigens als Synonym zu „Rechtfertigung". So erscheint dieses Lied geradezu programmatisch für die ganze Sammlung „Ein neues Lied" 1932. Mit der Kleid- und Schmuck-

Metapher enthält es zudem eine genderspezifische Komponente für die weibliche Jugendarbeit.

Dass das Gefangensein unter dem Herrschaftsbereich der Sünde (Str. 2,2) für die in Christus neu Geborenen definitiv Vergangenheit ist, betont gemäß paulinischer Theologie (Röm 6–8) das Lied in der Gegenüberstellung zu Beginn von Str. 2: *in Sünd war ich verloren – nun bin ich neu geboren.* Das die Wende zum Heil markierende *nun* (vgl. 1. Kor 15,20) bringt nochmals signifikant die Kopfzeile der 3. Strophe. Adams Scham-Erfahrung des Nacktseins gegenüber Gott infolge des sogenannten Sündenfalls (1. Mose 3,10 f) ist definitiv überwunden (3,3). Die Scham ist jetzt nicht nur mit einem Feigenblatt bedeckt, sondern *zugedecket fein* (3,2), nämlich mit der neuen Qualität des *schönen Kleids* (3,6), das *Heil und Gerechtigkeit* (3,8) verkörpert. Von Bekleidung ist im ganzen Lied natürlich nicht im modernen Sinn als (austauschbarer) Äußerlichkeit die Rede, wovon Person und Körper zu unterscheiden wäre. In biblischem Verständnis kennzeichnet die Bekleidung das Wesen der Person, ist seine Verkörperung. Die neue Seins-Qualität kommt dem Menschen durch Christi Heilswerk am Kreuz (Str. 2) zu. Das grandios *schöne Kleid* hat er sich nicht selbst *erworben* (2,5) oder angezogen. *In Christus, Gottes Sohn* (2,4) zu sein, heißt gemäß 2. Kor 5,17, eine *neue Kreatur* zu sein.

In seiner vierstrophigen bibelgesättigten Prägnanz ist dieses Lied ein Kunstwerk und sollte mehr gesungen werden als ansprechendes Zeugnis von der Rechtfertigung des Sünders. Heute kann gerade die ästhetische Dimension der Bildsphäre Kleidung/Schmuck mit Resonanz rechnen. Und als Gegenpol zu einigen ausladenden und stark problematisierenden Ich-Liedern der Barockepoche liegt hier ein elementares Ich-Zeugnis vor für die Annahme des Evangeliums als frohe Botschaft, nicht „sündentriefend“, sondern psychologisch stark stabilisierend: *Ich freu mich* (1,1) – *mit Freud und Ehren tragen* (4,3). Es erschließt, wie Christen als Sünder fröhliche Menschen und durchaus selbstbewusst sein können. „Vom hohen Adel der Gläubigen“ heißt treffend die Rubrik, in welcher Freylinghausen das Lied führt.

Die Melodie unterstützt dies in idealer Weise, Textdichter und Komponist sind ja auch in einer Person vereint. Es handelt sich um eine der frühen Dur-Melodien, die im Kantionalsatz (vierstimmig Note gegen Note) von Anfang an die Tonika-Dominant-Spannung ausnutzen, was man hier als Symbol für die Öffnung auf Neues deuten kann. Schon der Stollen führt zur Dominante, melodisch mit dem Endton auf der 2. Tonstufe allerdings noch nicht exponiert. Im Abgesang aber bringt das dritte Zeilenpaar (5/6) den Aufschwung zur 7. Tonstufe als leittönig gespannte Terz des Dominantklangs, die zwingend zum oberen Oktavton zu Beginn von Z. 7 als Spitzenton führt (im Original subdominantisch harmonisiert), von wo aus erst der Tonleiter-ähnliche „Abgesang“ zum Grundton hin erfolgt. Den Leitton zur 5. Tonstufe in Z. 5, doppeldominantisch harmonisiert, kannte Helder allerdings noch nicht. Bei ihm führt Z. 5 über den Mollakkord der 2. Stufe zur Tonika. Die emotional noch stärker „liftende“ Doppeldominante ist dem Freylinghausen-Gesangbuch zu verdanken.

Rhythmisch ist die Melodie gleichförmig gestaltet und darin gut fasslich. Viertel-Tonfolgen im Vierertakt münden jeweils in eine Halbe auf der vorletzten (bei schwacher Zeilen-Endung) oder auf der letzten Silbe (bei starker Endung). Durch den Wechsel der Endungen bilden zwei Zeilen jeweils einen Zusammenhang, dem Reimschema ababcdcd korrespondierend. Der durchaus lauernden Gefahr von Monotonie ist gewehrt durch den benannten melodisch-harmonischen Spannungsbogen mit großem Aufschwung im dritten Zeilenpaar und Zielpunkt erst zu Beginn des vierten Satzpaares. Gerade in der rhythmischen Gleichförmigkeit tritt das Profil der Melodie deutlich hervor, ein zum Singen motivierendes Konzept.

Sehr stimmig ist die Textunterlegung. Das signifikante Quintintervall zu Beginn betont die Schlüsselworte *freu/fröhlich* (ebenso *Freud* bei 4,3), aber auch *Sünd* (Str. 2,3) als Gegenpol. Die im Gesamtverlauf exponierte Z. 6 (mit Spitzenton auf der 4. Silbe) trägt in christologischer Polarität *zu Lob dem Namen dein* einerseits (Str. 1), *durch seinen bittern Tod* andererseits (Str. 2), in den Folgestrophen dann die Top-Aussagen *mit einem schönen Kleid* (Str. 3) und *vor Gottes Majestät* (Str. 4). Rhythmische und sprachliche Akzente bestärken sich oft gegenseitig (z. B. *singen* 1,5; *erworben* 2,5; *geschmücket*, 3,5; *prangen* 4,5), so dass sich Worte und Töne im Konnex fast von alleine einprägen. So könnte dies ein *neues Liedelein* für junge Menschen auch heute werden. Als Überschrift müsste man statt „Jes 61“ eben etwas „Cooles“ setzen, z. B. „Just be happy!“

Konrad Klek

352 Alles ist an Gottes Segen

EG 352 EM 81

Text

Quelle *Nürnbergisches Gesang=Buch*, Nürnberg 1676 (DKL 1676[15])[1] **Überschrift** *943.) Anonymus. Mel. JEsu/ heil den alten Schaden/ etc.* **Strophenbau** 7/4a- 7/4a- 5/3b, 7/4c- 7/4c- 5/3b **Abweichungen** 2,1 mich *hat bisher*; 2,2 und *so* manches; 2,4 mich *wunderlich*; 3,1 *Viel bemühen sich* um; 3,3 (Doppelpunkt statt Fragezeichen); 3,4 *Ich begehr nach dem zu* ringen; 3,5 *was Vergnügung pflegt zu* bringen; 3,6 *und man jetzt gar selten* findt; 4,3 *so es anderst* Gott; 6,1 ich *länger allhier* **Verbindung TM** die in der Überschrift genannte M steht in der Q auf S. 55: Z II,3828 * weitere Lehnmelodien: Z II,3573b (M von 1661, zugeordnet 1741); Z II,3829 (M von 1686, zugeordnet 1834) * Eigenmelodien des 18. und 19. Jh.: Z II,3839–3848 * vgl. auch Z II,3837.3849–3850.4213 (Verweise)

Melodie

Incipit 1_1_ 5_3_4_5_ 3_1_ **Verfasser** Johann Löhner/Johann Adam Hiller **Vorlage** *Wunderanfang, herrlichs Ende* (Komponist: Johann Löhner) in: Der Geistlichen Erquick-Stunden […] Poetischer Andacht-Klang (Heinrich Müller), Nürnberg 1691 (DKL 1691[06]; Melodie mit Generalbass; Z II,3836)[2] **Quelle** *Allgemeines Choral-Melodienbuch für Kirchen und Schulen, auch zum Privatgebrauche* (Johann Adam Hiller), Leipzig 1793[3]/ Nachdruck Hildesheim 1978 (DKL 1793[10]), Nr. 126 **Ausgabe** Z II,3842h **Ambitus** G: 8; Z: 564564 **Abweichungen** Q: 4st. Satz für Tasteninstrument; Taktvorzeichnung ¢; doppelte Notenwerte; Ton höher; Fermaten auf den Zeilenschlussnoten; Z. 1+2+4+5: statt vorletzter Note je zwei Achtel mit Durchgang zur letzten Note * EM: mit 4st. Satz (Gesangbuch Stuttgart/Zürich 1969) **Verbindung MT** wie EG und zweite Melodie: Z II,3844 * *Jesu, der du bist alleine* (EG 252) * *Jesus Christus herrscht als König* (EG 123/ EM 244) * *Endlich bricht der heiße Tiegel* (EKG 305) * *Wunderanfang, herrlichs Ende* (s. Vorlage/EKG Regionalteile) * *Fortgekämpft und fortgerungen* (EKG Regionalteile)

Literatur

HEKG (Nr. 300) I/2, 453 f; III/2, 301–303; Sb, 469 f; HEG II, 154.198 f ** ThustB, 310/ Nf, 288; ThustL II, 165 f ** KLL (1878–1886) I, 37; EEKM (1888–1895) I, 26 f; Schlunk (1951), 20

[1] Digitalisat Münchener Digitalisierungszentrum: https://t1p.de/ka4q (18.11.2021).
[2] Digitalisat Münchener Digitalisierungszentrum: https://t1p.de/4f51 (18.11.2021).
[3] Digitalisat Münchener Digitalisierungszentrum: https://t1p.de/ekwq (18.11.2021).

Das Lied atmet den Geist der Erbauungsbücher der lutherischen Orthodoxie des 17. Jh.[4] Es „versucht vom Evangelium her eine Art Lebensweisheit in Reimsprüchen zu gewinnen."[5] Als Zeugnis eines Frömmigkeitstyps erinnert es vor allem beim Thema „Geld und Gut" an die Pastoralbriefe. Zugleich ist es ein Lied, in dem das reformatorische „Sola Gratia" (und „Solus Deus") entfaltet wird. Nach der allgemein weisheitlich gehaltenen Einleitung in der ersten Strophe lässt die persönliche Ich-Form das Lied wie ein Bekenntnis erscheinen. Im Hintergrund steht Jesu Rede vom Schätzesammeln und Sorgen (Mt 6,19–34).

Der Autor des Liedes ist nicht bekannt. Es findet sich anonym im Nürnberger Gesangbuch von 1676. Im Vorwort dieses Gesangbuchs wird mitgeteilt, es seien „seelenerbauliche Lieder" vieler Nürnberger Bürger dem Gesangbuch „reichlich einverleibt worden."[6] Von einem solchen Nürnberger Bürger dürfte das Lied stammen, das erst relativ spät allgemeine Verbreitung gefunden hat.

Geld und Gut werden in der ersten Strophe nicht primär (etwa im Sinne einer oberflächlich verstandenen reformierten Prädestinationslehre) als eine Folge der Gnade gesehen (obwohl auch *Geld und Gut* in dem anfänglichen *Alles* als *Segen*sgaben eingeschlossen sind). In Anknüpfung an die Bergpredigt Jesu (Mt 6,33) ist eher an eine Abstufung gedacht: *Gottes Segen* ist sehr viel mehr als *Geld und Gut*. Diese Gegenüberstellung setzt sich in der zweiten Hälfte der Strophe fort: Nicht auf *Geld und Gut*, sondern *auf Gott* ist die *Hoffnung* gerichtet. Damit ist die biblische Alternative „Gott oder Mammon" aufgenommen (Mt 6,24f).

Dass Gottvertrauen zu einem *freien Heldenmut* führt, erscheint heute sprachlich fremd, drückt aber einen wichtigen Gedanken aus: Gottvertrauen überwindet Angst und führt zu innerer Freiheit und Gelassenheit. Das Berliner Gesangbuch von 1829 hat den Heldenmut zum „frohen Mut" gemacht[7] und in das von biblischer Sprache bestimmte Lied einen philosophischen Satz eingefügt: „Gott ist unser höchstes Gut."[8]

Die zweite Strophe führt den Gedanken der ersten weiter; sie spricht dankbar von dem Segen und dem *Glück*, das der Dichter in seinem Leben erfahren hat. Anders als z.B. in Paul Gerhardts *Ich singe dir mit Herz und Mund* (EG 324), das den Dank unmittelbar an Gott richtet, steht hier der Blick auf Gottes Gaben (Gesundheit, Ernährung und Bewahrung) in einem Nebensatz und begründet die Hauptaussage: das Bekenntnis der dauerhaften Zugehörigkeit zu Gott (*ewig mein*) und die Zuversicht auch für das künftige Leben (*wird fortan mein Helfer sein*).

[4] Zum frömmigkeitsgeschichtlichen Hintergrund vgl. vor allem Johann Gerhard, Schola Pietatis, Nürnberg (Entstehungsort des Liedes!) 1648. Dazu: Johannes Wallmann, Pietas contra Pietismus, in: Ders., Pietismus-Studien, Gesammelte Aufsätze 2, Tübingen 2008, 105–117.

[5] HEKG Sb, 469.

[6] Nach HEKG III/2, 301.

[7] Allerdings wohl erst in der Schluss-Redaktion. In der aus dem Protokoll der Gesangbuchkommission bei Bernhard Schmidt abgedruckten Fassung ist von einem „getrosten Heldenmuth" die Rede (Bernhard Schmidt: Lied – Kirchenmusik – Predigt im Festgottesdienst Friedrich Schleiermachers, Berlin und New York 2002, 514f).

[8] Gott bzw. Christus als „höchstes Gut" nennen auch EG 322,2 und EG 219,1.

Die dritte Strophe greift das Thema *Geld und Gut* mit einer rhetorischen Frage noch einmal auf, in deutlicher Anknüpfung an Jesu Worte über das Sorgen (Mt 6,25; vgl. aber auch 1. Tim 6,6–10).

Die zweite Hälfte des Liedes spricht in großer Zuversicht von der Einwilligung in Gottes Willen: *wenn es meinem Gott gefällt* (4,3). Die vierte Strophe nimmt den Gedanken der Hoffnung auf Gott aus der ersten Strophe wieder auf, und die Aufzählung *Seele, Leib und Leben* (vgl. EG 320,2) konkretisiert das *Alles* aus der ersten Strophe. Was in Str. 1 eine Frucht von Gottes Segen und Gnade ist, das wird nun in Str. 4 dieser *Gnade* an*heimgestellt.* Man kann an Hiobs Wort denken: *Der Herr hat's gegeben, der Herr hat's genommen* (Hiob 1,21). Aber bei Hiob ist das nach schweren Verlusten in einer Leidenszeit formuliert und ganz real erlebt, während das Lied den Gedanken als einen Satz der Zuversicht in einer Lebensphase formuliert, in der es dem Autor gut geht. Man könnte von „Schicksalsergebenheit" sprechen (*wird sich schicken*), aber der Schickende ist Gott, dessen Willen alles an*heimgestellt* wird.

Diese Einwilligung in Gottes Willen wird in den beiden letzten Strophen weitergeführt und nimmt dabei auch das Sterben in den Blick. Mit dem Kohelet-Zitat (aus Pred 3,1–15) *es hat alles seine Zeit* (5,3) wird eine Lebensweisheit, die gelassen auch mit Verlust umgehen lässt, zunächst noch allgemein formuliert. Aber die letzte Zeile von Strophe 5 muss man als Bereitschaft zum Sterben lesen. Dass es um den Tod geht, wird in der letzten Strophe vollends klar. Der Autor ist bereit zum Sterben, würde aber eine längere Lebensdauer in seiner Gottergebenheit auch genauso vertrauensvoll annehmen. Man kann hier an Paulus im Philipperbrief 1,22–24 denken. Paulus stellt die Alternative „Sterben oder (noch) weiterleben" freilich in den Kontext seiner Verantwortung für seinen Missionsauftrag, während das Lied diese Alternative ganz allgemein im Sinne der Ergebenheit in Gottes Willen anspricht.

Abgeschlossen wird das Lied mit der biblischen Einsicht in die Vergänglichkeit alles Irdischen. Auf Ps 90,5 wird direkt angespielt, aber auch Ps 103,14–16, Ps 39,5–7 und Jak 4,14 stehen für diese biblische Lebensweisheit im Hintergrund.

Die Auslegung des Liedes von Hans-Christoph Piper im Handbuch zum EKG[9] interpretiert das Lied ganz von diesem Ende her. Der Schluss, der so „resigniert, trostlos" klinge, passe gar nicht gut zum Anfang. Man müsse das Ganze von der Anfechtung her verstehen, die die Vergänglichkeit des Irdischen für den Dichter darstellt und die auch schon in Strophe 3 anklinge. Ich sehe das anders und habe das Lied deswegen bewusst vom Anfang her interpretiert. Im Mittelpunkt steht das Lob der großen Gnadengaben Gottes, aus denen sich das Vertrauen angesichts einer offenen Zukunft herleitet. Mit Recht verweist die Interpretation im Handbuch darauf, dass das Thema der Vergänglichkeit von der Mitte des 17. Jh. an in Gesangbuch und Erbauungsliteratur eine große Rolle gespielt hat.[10] Richtig ist auch, dass das Thema der Vergänglichkeit indirekt auch schon die erste Hälfte des Liedes bestimmt, wenn das Gottvertrauen dem Vertrauen auf das vergängliche *Geld und Gut* (1,3) das nur *Sorg und Unruh* (3,2) macht, entgegenge-

[9] HEKG III/2, 301 f.

[10] Vgl. Anm. 4.

stellt wird. Aber ich lese die letzten Strophen nicht als trostlos und nicht als Ausdruck einer Anfechtung. Die Gelassenheit, die dieses Lied ausdrückt, wirkt eher unangefochten.

Das wird auch deutlich, wenn man das Lied mit Paul Gerhardts *Befiehl du deine Wege* (EG 361) vergleicht. Es gibt Gemeinsamkeiten: „Das Anbefehlen" des eigenen Lebens in Gottes Willen (361,1 und 352,4), die Betonung der Gnade, das Vertrauen in Gottes Handeln (361,3: *weiß, was gut sei oder schade*, 352,5: *Er weiß schon nach seinem Willen*) und die Hervorhebung des Segens (361,4: *Dein Tun ist lauter Segen*, 352,1 *Alles ist an Gottes Segen*). Aber es fällt auf, wie stark Paul Gerhardt hervorhebt, dass dieses Gottvertrauen in der Situation der Anfechtung gebraucht wird, die er immer wieder anspricht: *was das Herze kränkt* (361,1), *mit Sorgen und mit Grämen* (361,2), *Gott wird dich aus der Höhle, da dich der Kummer plagt* (361,6).

So sehe ich das Lied als Ausdruck einer christlichen Lebensweisheit, die vor allem drei Motive biblischer Glaubenshaltung entfaltet: die Gegenüberstellung von Gott und Mammon, Jesu Rede über das Sorgen und die Vergänglichkeit irdischer Güter sowie die in den Psalmen und bei Kohelet ausgesprochene Einsicht in die Vergänglichkeit des menschlichen Lebens.

Nach meiner Kenntnis wird das Lied heute nicht sehr oft gesungen. Empfindet man es als zu bieder, zu glatt, zu unangefochten? Im Leserbrief einer Kirchenzeitung hat eine Leserin auf einen Artikel über Paul Gerhardt reagiert. Sie wirft Paul Gerhardt zu viel Duldsamkeit vor und vermisst den Protest gegen das Leid. Aber das ist ein sehr moderner Gedanke, der sich in neuen Gedichten und Liedern findet (z. B. Kurt Marti: „Dem Herrn unserem Gott hat es ganz und gar nicht gefallen";[11] vgl. auch EG 153,3), nicht aber in den Liedern aus früheren Jahrhunderten.

Seine gegenwärtige Gestalt hat das Lied bei Johann Adam Hiller im Jahr 1793 bekommen.[12] Seither wird es immer wieder in die Gesangbücher aufgenommen. Man findet es sowohl im Porst als auch im Berliner Gesangbuch. Das Porst'sche Gesangbuch ändert ganz wenig, bis auf die 3. Strophe: *Viel' bemühen sich um Sachen, / die nur Sorg und Unruh machen / und ganz unbeständig sind. / Ich begehr nach dem zu ringen, / was mir kann Vergnügen bringen / und man jetzt gar selten findt.* Das Berliner Gesangbuch enthält eine sehr viel weiter gehende Bearbeitung des Liedes. Es gibt keine Strophe, in die nicht eingegriffen wurde. Eine wichtige Änderung dort ist die Umwandlung aller Sätze (von der zweiten Strophe an) von der Er-Form (z. B.: *Der mich bisher hat ernähret*) in die Du-Form: (*Du, der mich bisher ernähret*). Im Vergleich mit dieser Fassung wird der Charakter des ursprünglichen Textes noch deutlicher: Die vertrauensvollen Ich-Sätze geben dem Lied einen persönlichen Charakter, sie werden aber nicht direkt an Gott gerichtet, sondern als persönliches Bekenntnis der singenden Gemeinde zur Erbauung mitgeteilt – oder besser: in den Mund gelegt.

KARL-HEINRICH LÜTCKE

[11] Kurt Marti, Was kommt nach dem Tod, aus: Ders., Leichenreden, Neuwied 1969.

[12] HEKG III/Sb, 469.

Die Melodie ist Musterbeispiel für eine Standardmelodie aus der Epoche des streng isometrischen, also rhythmisch gleichförmigen und sehr langsamen Choralgesangs. Die jetzige Form geht auf das Choralbuch des Leipziger Thomaskantors Johann Adam Hiller zurück, das dieser 1793 als „Reform"-Choralbuch zur Vereinheitlichung und Veredelung des Gemeindegesangs in Sachsen herausbrachte. In der Vorrede dazu formulierte er deutlich die ihn leitende Ästhetik: „Nun war mir der Choral, zu allen Zeiten, der natürlichste, einfachste, von allen melodischen Verzierungen, so wie von allen harmonischen Ausschweifungen gleichweit entfernte Gesang".[13]

Der Choralsatz ist wie bei allen Liedern zeittypisch in Halben notiert. Durchgangsnoten in Vierteln zeigt nicht nur die Melodie mehrmals vor dem Zeilenschlusston, auch in den Begleitstimmen wird davon moderat Gebrauch gemacht. Hiller kam vom Gesang her und hatte so ein Gespür für sanglichen Fluss, auch in den Mittelstimmen. Er brachte solche Liedsätze am Ende der Leipziger Gottesdienste mit den Thomanern zum Vortrag. Harmonisch ist eine Vorliebe für Zwischendominanten zu konstatieren, Höhepunkt ist die Mittelkadenz mit der Folge Quartsext-/ Dominantseptakkord am Ende von Z. 3. Gleich danach, bei der zweiten Silbe von Z. 4, lässt der Sekundakkord als Durchgang zum Sextakkord der Tonika aufhorchen. Am Strophenende findet sich im Tenor der gefällige wie potenziell gefühlsträchtige Oktav-Sept-Durchgang. Hiller verstand sich durchaus als Modernisierer beim Einbringen dieser harmonischen Mittel ins Choralbuch, warnte aber vor Übertreibung, wie sie manche zeitgenössischen „Orgelspieler" praktizierten.[14] Bei den Choralsatz-Ideologen des 20. Jahrhunderts galt dann aber Hillers Maßhalten schon als unstatthafte „Ausschweifung".

Wenn man die fast exakt 100 Jahre eher, im Jahr 1691 publizierte Melodie betrachtet, die seit Johannes Zahn als „Grundlage" zu dieser Version gilt, traut man seinen Augen nicht ob der Gegensätzlichkeit: nicht Halbe als Grundschlag, sondern Achtel, Sechzehntel als Durchgangsnoten (zu Beginn zur Ausfüllung der Quinte), einige muntere Sprünge, von denen jetzt gar nichts mehr zu sehen ist. Auf dem Titelblatt der Nürnberger Edition eines mit 60 zeitgenössischen Liedern „vermehrten" Erbauungsbuches des berühmten Rostocker Theologen Heinrich Müller sind diese denn auch als „Arien" bezeichnet. Gefragt war hier Sologesang einer „Aria" im Rahmen der Privaterbauung in Nürnberger Bürgerhäusern. Bei dieser Melodie handelte es sich konkret um die Vertonung des zehnstrophigen Liedes *Von Gottes wunderbarer Regierung im Kreuz* vom in Franken wirkenden Superintendenten Heinrich Arnold Stockfleth durch den überwiegend in Nürnberg ansässigen Johann Löhner. Bei der Erstveröffentlichung in einem Nürnberger Gesangbuch 1676 war *Alles ist an Gottes Segen* eine Lehnmelodie zugewiesen, die ebenfalls deutliche Arioso-Züge trägt (Z II,3828).

Der Strophenbau dieses Liedes ist dann namentlich im 18. Jahrhundert so weit verbreitet, dass auch zahlreiche andere Melodien in Frage kamen, wie die breite Streuung

[13] Hervorhebung original. – S. o. Melodie/Quelle, IX.

[14] Johann Adam Hiller, Nachtrag zum allgemeinen Choral-Melodienbuche, Leipzig [1794], 8–10: „Nützliche Anmerkungen für den Orgelspieler." – Digitalisat der Bayerischen Staatsbibliothek München: https://t1p.de/rdth (18.11.2021).

von Varianten zeigt. Zahn listet bis 1865 nicht weniger als 19 Versionen auf. Diese zeigen mehr oder weniger Ähnlichkeit und sind in manchen Details der jetzigen Fassung näher als die von Zahn identifizierte „Grundlage". Syllabische Viertel- (später Halbe-) Diktion mit Reduktion von Sprüngen wie Durchgangsnoten ist allgemeine Tendenz. Seit dem Eisenacher Kernlieder-Gesangbuch von 1854 setzte sich die Hiller-Zuweisung in der heutigen, nochmals um einige Viertel reduzierten Fassung durch, obgleich der Liedeinstieg nicht überzeugt: Der Quintsprung betont ausgerechnet das Wort *ist*. Immerhin passt es in der analogen Zeile 4 dann sehr gut mit *Gott* auf dem Spitzenton (analog in Str. 2 *w u n derbar*, Str. 4 *Seele*, Str. 5 *ihm*, Str. 6 *nichts*).

Hillers Maxime des „Einfachen" entspricht die jetzige Melodie-Fassung rhythmisch in gleichförmigem Viertel-Schreiten, melodisch in der Orientierung ausschließlich an den Dreiklangstönen von Tonika und Dominante im Oktavraum. Sekundschritte füllen deren Terzen aus oder fungieren als Wechselnoten (z. B. *a-g-a* in Z. 2 und 5). Z. 1/2 und 4/5 sind melodisch identisch abgesehen davon, dass Z. 4 mit der zweiten Tonstufe beginnt, dominantisch zu harmonisieren. Diese strukturelle Vereinfachung war bei der „Grundlage" überhaupt nicht gegeben und findet sich nur vereinzelt bei den anderen Varianten. Harmonisch ergibt sich ein Spannungsbogen über die ganze Strophe dadurch, dass Z. 2 zur Dominante führt und diese durch die ganze Zeile 3 inklusive Doppeldominante bekräftigt wird. Z. 4 führt zurück zur Tonika. Der erneute Wechsel zur Dominante mit Z. 5 (= Z. 2), während die Melodie unter den Grundton zur 5. Stufe führt (hier c^1), bestätigt die Ausgangsbewegung. Die Schlusszeile ist eigenständig in Sekundfortschreitung ohne jeden Terzschritt und bestätigt, den Quarttonraum von Grundton zu Grundton ausmessend, die Tonika. In dieser klaren Struktur, Einfachheit wie Stringenz ist das tatsächlich das Werk von Thomaskantor Hiller. Seine Melodiefassung erwies sich denn auch als förderlich für gemeinschaftlichen Singen, was ihr in der Folgezeit zahlreiche weitere Textzuweisungen bescherte (vgl. die genannten TM-Verbindungen in EG und EKG). Ohne Hillers sangliche Durchgangsnoten besteht allerdings durchaus die Gefahr von Viertel-Monotonie in plumpem Note-für-Note-„Schreien", wogegen Hiller sich explizit verwahrte.[15] Auch seine reizvollere Harmonisierung wäre förderlich, damit auch bei diesem Lied *nicht sing allein der Mund; nein, dass es geh aus Herzensgrund!* (EG 344,1) wie er emphatisch die Vorrede zu seinem Choralbuch beschließt.[16]

Konrad Klek

[15] Ebd.

[16] Wie Anm. 13, XVIII.

363 Kommt her zu mir, spricht Gottes Sohn

EG 363 EM 264

Text

Verfasser Georg Grünwald **Vorlage** Str. 1: Mt 11,28–30 **Quelle** *Ain schöns newes Christlichs lyed. Item, die Zehen gebott Gottes, zů singenn im Thon, Auß tieffer nodt etc,* [Augsburg] 1530 (DKL 1530[07])[1] **Ausgabe** W III,166 (vgl. auch 167 f) **Strophenbau** A8/4a A8/4a A7/3b-, A8/4c A8/4c A7/3b- Frank 6.19 **Abweichungen** 1,1 *sagt* Gottes; 1,3 Sünden *fast*; 1,6 *vnd* heilen; 2,1 Joch ist *süß, mein bürd ist ring;* 2,2 *wers nach mir trägt in dem geding*; 2,3 *das er der* Höll *entweyche*; 2,4 Ich *will jm trewlich helfen tragn*; 2,5 *mit meiner hülff würd er eriagn*; 2,6 das *ewig hymelreyche*; nach 2: *3. Wie hab ich thon und glitten hier*; *4. Gern wolt die welt auch selig sein; 5. All creatur bezeugen das*; 3[Q=6],1 und *langk*; 3,2 *und* morgen *würt* er *tödtlich* krank; 3,3 bald *soll* er; 3,4 gleichwie *ain* Blumen; 3,6 in einem *huy*; 4,1 *Den* Reichen hilft *gar nichts*; 4,2 *den* Jungen; 4,4 *Wann* einer *geb*; 4,5 *das Silber Gold* und; 4,6 *noch müsst* er; 5,1 *Was hilfft den glerten grosse* Kunst; 5,2 *der* weltlich Pracht *es ist um sunst*; 5,3 *sie* müssen; 5,4 in *Christum nit ergeyt*; 5,5 *die weyl noch ist der* Gnadenzeit; nach 5[Q=8]: *9. Die welt erzittert ab dem tod*; *10. Vnd wann er nymmer leben mag*; 6[Q=11],1 *Darumb hört*, merkt, ihr lieben *kind*; 6,2 *dye jetzund* Gott; 6,3 *der* Müh; 6,5 das *sey*; 6,6 schon *betrewen*; nach 6[Q=11]: *12. Nit übel jr vmb übel gebt*; *13. Wann es euch gieng nach flaisches mut; 14. Ist euch danns Creutz so bitter schwer; 15. Ir aber werdt nach diser zeyt*; 7[Q=16],1 ewig *gwaltig* Gott; 7,2 seinem *Geyst* versprochen; 7,4 g'wiss *unnd* wahr; 7,5 uns *in* der; 7,6 durch *Jesum Christum* * EM: nach 3: *4. Die Welt erzittert ob dem Tod*; *5. Und wenn er nicht mehr leben kann* **Verbindung TM** in der Q wie EG/Vorlage (s. u. zur Melodie)

Melodie

Incipit 1__1_1_ 5__.4_5_3b_ 2__ **Vorlage** DKL 1530[07] (s. Text, Quelle; ediert: DKL III/1.1,B37) * zum „Lindenschmid-Ton“ vgl. Kommentar **Quelle** *Der erst teil. Hundert vnd ainundzweintzig newe Lieder*, Nürnberg 1534 (DKL 1534[06])[2] **Ausgaben** Z II,2496c; B I,220; B II,341; DKL III/1.1, B37A **Ambitus** G: 6; Z: 555656 **Abweichungen** Q: Tenor eines 4st. Satzes; große Sexte tiefer; ¢, keine Mensurstriche * RG: ¢, keine Mensurstriche * EM: mit 4st. Satz (Eberhard Hofmann 2001) **Verbindung MT** in der Q wie EG * Texte nach DKL III.1–4 zu B37–B37P): *Es ist ein Freud dem gläubig'n Mann* (A. Blaurer); *Nun ist die angenehme Zeit* (J. Freder); *Ach Herr, du allerhöchster Gott*; *Kein Gottes Wort ist mehr erhört* (J. Policarius); *Nun höret zu, ihr Völker all* (C. Spangenberg); *Wer hat uns doch so frei gemacht* (L. Helmbold); *Der Ehstand ist ein solcher Stand* (L. Helmbold); *In einer großen Dunkelheit*; *Der Herr ist mein Hirt, David spricht* (G. Sunnderreitter); *Nun höret zu, ihr Christenleut* (H. Witzstat); *Da der Herr Christ zu Tische saß* (N. Herman); *Wir danken dir, Herr*

[1] Digitalisat Staatsbibliohtek zu Berlin: https://t1p.de/93bk (22.11.2011) – Die Quelle enthält zwei Lieder, die Tonangabe bezieht sich nur auf das zweite.

[2] Digitalisat Bayerische Staatsbibliothek München: https://t1p.de/8qfk (22.11.2021) Tenorstimmbuch Nr. 15.

Jesu Christ, daß du auf Erd (D. Rump); *Der Türk hat sich gemachet auf* (D. Teucher); *Hört zu, all Völker insgemein* (C. Becker); *Am Weihnachtsabend in der Still; Aller Augen warten auf dich* (P. Reinigius); *Angusta regum corpora; Ich lag in einer Nacht und schlief; Exsurge sponsa post mea; Christ sprach zu's Menschen Seel vertraut* * weitere: *So brech ich auf von diesem Ort* (J. Rist; vgl. Z IV,5837); *Des Jahres schönster Schmuck entweicht* (Viktor Friedrich von Strauß und Torney; RG 544) * *Der du die Zeit in Händen hast* (Jochen Klepper; EKG 45) * *Verzage nicht, du Häuflein klein* (Jakob Fabricius; EG 249/EKG 211)

Literatur

HEKG (Nr. 245) I/2, 186f; III/2, 186–189; Sb, 382–385; HEG II, 124 ** ThustB, 322f/Nf, 300f); Thust L II, 194–196 ** Koch (³1866–1877) II, 142; VIII, 216–219; KLL (1878–1886) II, 12f; EEKM (1888–1895) I, 815–817; Schlunk (1951) 220; DKL III/1.1–III/4 zu B37 ** HERMANN, Theodor: Georg Grünwald, der Dichter des Liedes: Kommt her zu mir, spricht Gottes Sohn, MGKK 17 (**1912**) 197f * WEISMANN, Eberhard: Unsere neuen Lieder. Kommt her zu mir, spricht Gottes Sohn (G. B. 245) WüBll 23 (**1956**) 28–30 * JENNYG **1962**, 253 * ZINK, Wolfgang: Die Lindenschmidtlieder. Ein historisches Ereignis und seine Interpretationsmöglichkeiten durch das Volkslied, Jahrbuch für Volksliedforschung 21 (**1976**) 42f * SAUER-GEPPERT **1984**, 57.81f * WACHINGER, Burghart: ‚Lindenschmidt', in: VerLex 5 (**1985**) 840f

Kurz nach den Zürcher Anfängen jener Bewegung um 1525, die man gemeinhin die „Täufer" oder „Wiedertäufer" nennt, obwohl die Glaubenstaufe nur eines von deren Merkmalen ist, war Kitzbühel das Tiroler Zentrum dieser radikalen Christen. In konsequenter Jesus-Nachfolge lehnten sie Wehrdienst und Eidesleistung ab, sie verwarfen die Kindertaufe und sonderten sich in alledem von ihrer sozialen Umgebung ab. Zählten sie schon auf protestantischen Territorien zum linken Flügel der Reformation, so galten sie auf katholisch-habsburgischem Gebiet geradezu als Extremisten, deren man sich tunlichst entledigte. Seit dem Speyrer Reichstag 1529 waren auch in evangelischen Gebieten mit Zustimmung Martin Luthers Angehörige dieser radikalen Gruppen mit der Todesstrafe bedroht, systematische Verfolgung setzte ein. Die damals sogenannten „Schwärmer" waren schließlich vertrieben, ausgewandert, eingekerkert oder umgebracht.

Der Schuhmacher Georg Grünwald (ca. 1490–1530), über dessen Leben kaum etwas bekannt ist,[3] leitete die Gruppe in Kitzbühel. Er floh vor der Bedrohung ins Bayrische, kehrte aber 1530 nach Tirol zurück, wurde in Kufstein verhaftet, verurteilt und auf dem Scheiterhaufen verbrannt. Der zuweilen ungeduldige und drohend-warnende Gestus seines Liedes[4] wird verständlich aus einer Situation, in der die eigene Überzeugung und Glaubenspraxis in ständige Lebensgefahr führt. Mit Grünwald sind neben Thomas Müntzer (EG 3) und dem Schwenckfeldianer Adam Reißner (EG 275) in kleinem Umfang also auch Vertreter der radikalen Reformation im Gesangbuch vertreten.

Grünwalds ursprünglich 16strophiges Lied erschien 1530 in Augsburg als Flugblatt, danach in weiteren Drucken, 1539 im Schumannschen Gesangbuch in Leipzig. „Ge-

[3] Vgl. Hermann 1912, 197.

[4] Grünwalds Autorschaft wird seit langem nicht mehr angezweifelt, vgl. Hermann 1912, 197f.

adelt" wurde es, als Luther es 1545 komplett in das Babstsche Gesangbuch aufnahm.[5] Seitdem ist das Lied in unterschiedlicher Strophenauswahl fester Bestandteil evangelischer Gesangbücher.[6] Mit der Aufklärung wird die Rezeption dünner, um im 20. Jh. in verschiedenen Liederbüchern der Singbewegung in recht unterschiedlicher Strophenauswahl wieder aufzuleben.[7] Im EG stehen sieben Strophen.[8] Von einem häufigen Gebrauch des Liedes in der Gegenwart kann jedoch nicht mehr die Rede sein.

Biblischer Ausgangspunkt ist der häufig mit „Der Heilandsruf" überschriebene Text Matthäus 11,28–30, die Einladung Jesu zur Befolgung der Tora in seiner Auslegung (*lernt von mir*)[9] als die gegenwärtige Lebenserleichterung für die in einem mühsamen Alltag Erschöpften. Demgegenüber lenkt Grünwald in seinem Lied das Verständnis des Textes auf die Frage der Sündenvergebung, auf den Ruf zur Nachfolge mit einer knappen Frist für endgültige Lebensentscheidungen im Horizont drohender Höllenqualen für alle Zukunft.

In den ersten beiden Strophen wird in direkter Jesusrede der biblische Text rekapituliert. In den dann ausgefallenen Originalstrophen 3 bis 5 macht Grünwald die Alternative aus dem Leben nach Gottes Wort mit der Annahme der daraus folgenden Leiden gegenüber der ewigen Höllenpein auf. Die originale dritte Strophe paraphrasiert das biblische *lernt von mir* noch einmal in direkter Jesusrede und konkretisiert das Leben in der Nachfolge, die ins Leiden führt. Wer diesen Weg des Wortes Jesu aber nicht gehen möchte, *der muss zuletzt ins Teufels Ziel mit schwerem G'wissen länden* (orig. 5,6).

Die EG-Strophen 3 bis 5 (die originalen Strophen 6 bis 8), sind geprägt durch die Bilderwelt des Totentanzes, gespeist aus biblischen Motiven und den Erfahrungen der mittelalterlichen Pestepidemien. So bildhaft nimmt kein Lied des Gesangbuchs die Totentanzthematik auf (vgl. am ehesten EG 526 und 527). Ob Grünwald bei irgendeiner Gelegenheit den Basler Totentanz auf der Innenseite der Friedhofsmauer bei der Predigerkirche kennengelernt hat, wie manche mutmaßen,[10] bleibt Spekulation. Biblische Totentanzmotive sind *die Blumen auf dem Feld* (Ps 103,15), und beim fatalistischen Prediger Salomo: *Es geht dem Menschen wie dem Vieh. Wie dies stirbt, so auch er* (Pred 3,19). Ohne dass jedenfalls das Ansehen der Person, ohne dass Standesunterschiede oder das Alter eines Menschen irgendeine Rolle spielen – alle müssen sterben. Dass der Tod unausweichlich ist und jederzeit eintreten kann, erhöht bei Grünwald aus biographisch nachvollziehbaren Gründen die Dringlichkeit des Rufes Jesu zu einem Leben nach Gottes Willen. EG-Str. 3 buchstabiert die Vergänglichkeit allen Lebens. *Nu* (3,6) ist der Augenblick, im Original (6,6): *in einem huy*. Die Totentanzszenerie wird konkret: der Reiche, der Gelehrte, der Prächtige, alle müssen *an den Reihen* (4,6), d. h. sich dem Tanz

[5] Konrad Ameln, Das Babstsche Gesangbuch von 1545. Geystliche Lieder. Faksimile, Kassel ²1966. Anhang: Psalmen und Geistliche lieder / welche von fromen Christen gemacht und zu samen gelesen sind, Nr. X. Der Autor Grünwald wird nicht genannt.

[6] Weitere frühe Strophen s. W III,166.

[7] Z. B. Ein neues Lied, Berlin 1932, Nr. 152. Mit 10 Strophen stand es im EKG von 1950, Nr. 245.

[8] So auch im Herrnhuter Gesangbuch 2007; im methodistischen Gesangbuch von 2002 steht es mit 9 Strophen. Im Reformierten Gesangbuch der deutschsprachigen Schweiz ist es nicht enthalten.

[9] Vgl. Sir 51,26.

[10] Vgl. ThustL II, 194.

mit dem Tod anschließen. Auch wer jung ist, *muss aus diesem Maien* (4,3), will sagen, er muss die schöne Jugend doch verlassen. Der Monat Mai steht hier für die Blüte der Jugend und ungetrübte Lebensfreude.[11] Die Liedpassage endet mit erneutem Drängen, das Leben an Christus zu orientieren, andernfalls ewiges Verderben droht.

Zwei im EG ausgefallene, im EKG noch enthaltene Strophen[12] besingen die Erfahrung, dass eine Entscheidung für Christus, die im todbedrohten irdischen Leben immer wieder verschoben wird, einmal auch zu spät kommen kann. Es geht für Grünwald aber nicht um bloße Sterblichkeit des Menschen, sondern um bevorstehende Qualen der Hölle in Permanenz.

Ab der EG-Strophe 6, im Original ab der elften, wendet sich der Dichter an die eigenen Leute und macht ihnen Mut, der Entscheidung für Christus und damit für die Gruppe treu zu bleiben. Die Wendung *Gott wird euch schon erfreuen* (6,6) meint: „Gott wird euch auf schöne Weise erfreuen."

In den weiter ausfallenden Originalstrophen 12 bis 15 erläutert Grünwald predigthaft den Sinn des von Gott geschickten Leidens in der Nachfolge: würden die weltlichen Bedürfnisse (*Wann es euch gieng nach flaisches muot* ... [13,1]) alle gestillt, würde eben diese Treue immer mehr geschwächt. Es lohnt sich, auf dem *engen steyg* (12,5), dem schmalen Weg (Mt 7,14), zu bleiben. Angesichts des ewigen höllischen Feuers, in dem man brennt, aber nicht verbrennt, bleiben die jetzigen Leiden erträglich. Der Christus-Glaube aber hat nach Originalstrophe 15 die Perspektive der ewigen Freude.

Die – im Original kantiger klingende – Schlussstrophe (*was der ewig gwaltig*[13] *Gott in seinem Geyst versprochen hat*; 16,1) schließt an die ausgefallene, vorhergehende Strophe 15 an; sie versichert am Ende die Singenden der Treue Gottes, der seine Zusage der ewigen Freude und des ewigen Lohns hält, und beendet das Lied liturgisch mit *Amen*. Die später in *Wort* geänderte Original-Vokabel *Geist*[14] dürfte ein Hinweis darauf sein, dass in den Kreisen radikaler Christen die innere Geisterfahrung dem äußeren Wort als Quelle der Offenbarung vorgezogen wurde.

In der Liedfassung des EG ist der apokalyptische Horizont des Originals also deutlich eingedämmt. Immerhin ergeben die sieben Strophen im EG den dreiteiligen Aufbau einer Predigt: Strophe 1–2 biblische Grundlage, Strophe 3–5 drastisch-drängende Auslegung durch das Totentanz-Bild, Strophe 6–7 Ermunterung und Trost für die Zuhörer, respektive Singenden, den schweren „schmalen" Weg beizubehalten.

Der Versuch, das Lied durch Kürzungen zugänglicher zu machen, dürfte aber gescheitert sein. Der warnende Gestus des Liedes hängt eng mit der geschilderten gefahrvollen Situation der bedrohten Minderheit zusammen, der das Lied entstammt. Christen des 21. Jh. in Europa sind nicht in der Situation der verfolgten radikalen Christen des 16. Jh. Gleichwohl sind Christenverfolgungen in anderen Ländern ein bedrückendes Phänomen der Gegenwart. Grünwalds Lied wird kaum mehr gesungen. Werden Lieder

[11] Diesen Interpretationsvorschlag verdanke ich Klaus Ridder vom Deutschen Seminar der Universität Tübingen.

[12] Im Original die 9. und 10. Strophe, im EKG 245, Str. 5 und 6.

[13] Schon bei Schumann 1539 und Babst 1545: *der ewig gütig Gott*.

[14] Es fällt auf, dass Luther trotz seines Kampfes gegen „die Schwärmer" daran keinen Anstoß nahm.

primär als Expression aktueller Befindlichkeit der Singenden verstanden, hat es Grünwalds Lied schwer. Aber im Sinne des *Tu auf den Mund für die Stummen* (Spr 31,8), als stellvertretendes Singen für andere, die wir im Blick haben und deren Situation uns nicht gleichgültig ist, in Übernahme einer Rolle also, kann das Lied weiterhin eine Chance haben.

Bernhard Leube

Die Melodie findet sich in unterschiedlichen Varianten in Quellen des 16. Jahrhunderts. Die EG-Fassung stimmt überein mit derjenigen in der Liedersammlung des Hans Ott, Nürnberg 1534. In einem Frankfurter Druck von 1565 (DKL 1565^{03}) wird zum Text auf eine Melodie verwiesen, die mit ihrem weltlichen Text bezeichnet ist: *Nun wölln wir aber heben an / das best das wir gelernet han,* einer typischen Eröffnungsformel für Erzähllieder. Einen ähnlichen Textanfang, ins Geistliche verändert, zeigt ein Lied in den Erfurter Enchiridien 1524: *Jnn Jhesus namen heben wir an / das best das wir gelernet han.* Dieses Lied hat die Strophenform des „Lindenschmid-Tons", eines Erzählliedes aus dem späten 15. Jahrhundert über einen hingerichteten Räuber. Die Strophe besteht aus zwei Zeilenpaaren mit vier Hebungen bei betontem Schluss, dazwischen steht eine Einzelzeile mit drei Hebungen und unbetontem Schluss. Unsere Melodie ist um eine sechste Zeile erweitert, die in der Textform der dritten entspricht. So entsteht eine Form mit zwei parallelen Formteilen und dem Reimschema aabccb.

Ein direkter Verweis auf den „Lindenschmid-Ton" ist wenig sinnvoll. Die Differenz der Strophenform ist deutlich, und eine einheitliche „Lindenschmied"-Melodie ist in den Quellen nicht zu identifizieren. Eine Ähnlichkeit mit Erzählliedern besteht hingegen in der Eröffnungsformel, die als Typusmerkmal mehrfach vorkommt, vielleicht auch im geringen Tonumfang, der nur dreimal die Quinte um einen Ton nach unten erweitert. Dazu kommt eine ausgesprochene innere Formelhaftigkeit: Die Zeilen 2, 4 und 5 sind identisch bis auf den Anfangston der vierten Zeile. Rhythmisch stimmen die Zeilen 1, 2, 4 und 5 überein, mit Ausnahme des gedehnten Auftakts ganz zu Beginn, wie er in jambischen Melodien häufig vorkommt.

Sowohl in Zeile 3 wie in Zeile 6 finden sich punktierte Bindungen, welche typisch für Schlussbildungen in Renaissance-Melodien sind. Die erste Melodiehälfte zeigt dabei nur eine kurze Bindung, die zweite hingegen eine deutlich längere, die zudem einen Schlag später beginnt. Sie verschiebt so die zweitletzte Silbe, d. h. den letzten Akzent, auf den ersten Schlag des letzten Taktes, während die entsprechende Silbe in der Liedmitte auf dem Ende des vorhergehenden Taktes liegt.

Die Haltepunkte in den Zeilen 1, 2, 4 und 5 und ebenso die Bindungen in den Zeilen 3 und 6 erzeugen starke Akzente, die zusammen mit den Zeilenschlüssen eine gleichmäßige Abfolge von Schwerpunkten ergeben, mit einer kleinen Verschiebung in der letzten Zeile. Das dürfte der Grund sein, weshalb im Kommentar zur Edition des deutschen Kirchenlieds auf den Typus des Tanzliedes hingewiesen wird, wie auch bei dem erwähnten Lied *Jnn Jhesus namen heben wir an.*[15] Dem langsamen Dreiertakt entspricht

[15] DKL III/1.1 Textbd. 195.

zwar keines der bekanntesten Renaissance-Tanzmuster, doch die regelmäßige Stauung des melodischen und textlichen Flusses entspricht – auch wenn sie für den Gesang etwas hinderlich sein mag – sehr wohl dem Tanz und einer choreografischen Gliederung.

Andreas Marti

364 Was mein Gott will, gescheh allzeit

EG 364 RG 669 EM 365

Text

Verfasser/Entstehung s. Kommentar **Quellen** (a) *Fünff schöne geistliche Lieder*, Dresden 1556[1] * (b) *Ein schœn New Geist=lich Lied/Vom Geistlichen Acker=man/* […] *Mer zwey schœne Geist=liche Lieder. Das erst/Was mein Got wil das geschehe allzeit* […], Nürnberg o. J. [datiert am Standort Berlin 1560, bei W 1554][2] **Ausgaben** (a) W III,1240 * (b) W III,1241 **Strophenbau** A8/4a A7/3b-, A8/4a A7/3b-, A8/4c+c A7/3d- A8/4e+e A7/3d- Frank 8.15 **Abweichungen** (a) 1,2 Will [ohne „der"] ist der *aller* beste; 1,3 helfen *den*; 1,4 *die* an ihn *gleuben*; 1,5 der *getrewe* Gott; 1,6 Welt *on alle masse*; 1,7 *hertzlich* auf; 2,2 mein *auffenthalt auff erden*; 2,5 sein Wort *spricht zwar: all deine* Haar; 2,7 *fleissig* für; 2,8 *ja* nichts *fehle*; 3,1 *Darumb will* ich *armer* Sünder von *dieser* Welt; 3,2 *abscheiden in* Gottes; 3,3 *Wens mein Got wil, das* ihm gefällt; 3,8 du *frommer* Gott; nach 3: 4. *Lob, eher und danck sey dir gesagt* * (b) 1,1 das *geschehe* allzeit; 1,2 der ist der *aller* beste; 1,3 helfen *den*; 1,4 *die* an ihn *glauben*; 1,5 der *fromme* Gott; 1,6 Welt *mit* Maßen; 2,6 er *selbest*; 2,8 nichts *fehle*; 3,1 *Nun muß* ich *armer* Sünder von *dieser* Welt; 3,2 *hinfaren in* Gottes; 3,8 du *frommer* Gott; 4,5 Hilf *vnnd auch* wehr; 4,6 zu *ehren deinen*; 4,7 *der wirdt* gewährt * RG: 2,4 *darein will ich mich geben*; 2,6 *All deine* Haar; 2,8 stets *auf* uns *acht*; 3,1 *Und wird mich nun* von *dieser* Welt; 3,2: *abrufen* Gottes *Wille*; 3,3: *so fahr ich hin, wann's* ihm gefällt; 3,4 *und will* ihm; 4,5 *Hilf mir* und wehr **Verbindung TM** (a+b) ohne Melodieangabe * eigene Melodien: Z IV,7569 (DKL 1710[14]); Z IV,7570 (Handschrift Memmingen 1836) * Lehnmelodie Z IV,7553 (Straßburg 1530, unterlegt Basel 1854)

Melodie

Incipit -5-7b_1_-7b3b3b23b_ **Verfasser** Claudin de Sermisy **Vorlagen** *Il me suffit de tous mes maulx* (Claudin de Sermisy) in: Trente et quatre chansons musicales […], Paris o. J. [um 1528/29][3] * geistlich *Si bestreden my dicmael* in: Souterliedekens, Antwerpen 1540, Ps. 128[4] **Quelle** *Christliche vnd Tröstliche Tischgesenge* […] (Joachim Magdeburg), Erfurt 1572 (DKL 1572[07])[5] **Ausgabe** Z IV,7568; DKL III/2, A514 **Ambitus** G: 7b; Z: 6b5b(6b5b)446b5b **Abweichungen** Cantus eines 4st. Satzes; Ton tiefer; ¢; Z. 1 vor N 1 Halbe- und Viertelpause; Z. 2/4 und 8: N 5 (*der/-bet/ver-*) Viertelnote, N 6–8 (*be-/fe-/-las-*) punktierte Viertel mit Achtel *h'a'*, Halbe *a'*, Viertel *g'* (ohne ♯!), N 9 (*-ste/-ste/-sen*) Halbe ohne folgende Viertelpause (Z. 2 und 4)/ Ganze (Z. 8), je mit Fermate; Z. 5 N 4 (*Not*): vier Achtel, eine Viertel *h'a'g'fis' g'*, N 5 (*der*) Halbe; Z. 6 N 2 (*tröst*) punktierte Viertel mit Achtel *g'a'*, N 4 (*Welt*) punktierte Viertel mit

[1] Digitalisat Staatsbibliothek zu Berlin: https://t1p.de/ft64 (22.11.2021).

[2] Digitialisat Staatsbibliothek zu Berlin: https://t1p.de/uj8l (22.11.2021).

[3] Digitalisat Bayerische Staatsbibliothek München: https://t1p.de/elqy (Superius, letzte Chanson; 22.11.2021)

[4] Digitale Bibliotheek Nederlandse Letteren: https://t1p.de/vqwx (22.11.2021).

[5] Digitalisat Bayerische Staatsbibliothek München: https://t1p.de/2qgd (Cantus, Überschrift: *Dinstag zu Mittag*; 22.11.2021)

Achtel *c"h'*, N 5 (*ohn*) zwei Achtel *a'g'*, N 7 (*-ßen*) *g'* * RG: Ton tiefer; ¢; Z. 1 vor N 1 Viertelpause * EM: mit 4st. Satz (nach Michael Praetorius 1609) **Verbindung MT** wie EG * weitere geistliche Texte: *Sei gnädig mir, o Herr, mein Gott* (G. Sunderreitter, DKL 1581[09]); *Gott ist Richter zu dieser Frist* (Ph. v. Winnenberg, DKL 1586[14]); *Mein Licht und Heil ist Gott, der Herr* (C. Becker, DKL 1605[03]); *Ach, der elend betrübten Zeit* (D. Spaiser, DKL 1609[11]); *Frisch auf, mein Seel, verzage nicht* (C. Schmucker, DKL 1609[12]); *Wies Gott gefällt, so gfällts mir auch* (A. Blaurer, DKL 1609[18]; EKG 281); *Du hast uns Leib und Seel gespeist* (EG 216/ EKG 164/ EM 526); *Wer Gott vertraut, hat wohlgebaut* (EG-Regionalteile, EKG 284); *Sei Gott getreu, halt seinen Bund* (EG-Regionalteile, EKG 438) * weltlicher Text: *Beschaffens Glück ist unversaumt* (Sunderreitter 1581, Spaiser 1609)

Literatur

HEKG (Nr.280) I/2, 486 f; III/2, 258–261; Sb, 435–438; HEG II, 21 f.299 ** ThustB 324/ Nf 302 f; ThustL II, 196–198; Een Comp, Nr. 403 ** EEKM (1888–1895) IV, 123–127; KLL (1878–1886) II, 335 f; B (1886–1911) II, 348; Nelle ([3]1924/1962), Nr. 363; Schlunk (1951), 347; Bruppacher (1953), 292 f ** Spitta, Friedrich: Herzog Albrecht von Preußen als geistlicher Liederdichter. 3. „Was mein Gott will, das gscheh allzeit", MGKK 13 (**1908**) 104–112 * Spitta, Friedrich: Das Recht des Herzogs Albrecht von Preußen auf das Lied „Was mein Gott will, das gscheh allzeit." Auch ein Beitrag zum Reformationsjubiläum, MGKK 17 (**1912**) 305–313 * Spitta, Friedrich: Die Entstehungszeit des Liedes „Was mein Gott will, das gscheh allzeit", MGKK 18 (**1913**) 203–205 * Mincoff-Marriage, Elizabeth: Souterliedekens. Een nederlansch psalmboek van 1540 met oorspronkelijke volksliederen die bij de melodieen behooren, 's-Gravenhage **1922**, 290 * Gennrich, Friedrich: Die Kontrafaktur im Liedschaffen des Mittelalters, Langen **1965**, 206.263 f * Motekat, Helmut: „Was mein Gott will, das gescheh allzeit ..." Herzog Albrecht in Preußen und die Anfänge des evangelischen Kirchenlieds, in: Rolf Bohnsack, Hellmut Heeger, Wolf Hermann (Hg.), Gestalt Gedanke Geheimnis. Festschrift für Johannes Pfeiffer zu seinem 65. Geburtstag, Berlin **1967**, 271–292 * Rössler, Martin: Bibliographie der deutschen Liedpredigt, Nieuwkoop **1976**, 275 * Sauer-Geppert **1984**, 83

Ist dieses Lied tatsächlich von dem Deutschordensmeister Albrecht von Preußen (1490–1568) gedichtet worden, wie die Gesangbücher behaupten? Dem hat es erstmals ein Kopenhagener Gesangbuch von 1571 zugewiesen, drei Jahre nach Albrechts Tod und 17 Jahre nach der von Wackernagel angenommenen Erstveröffentlichung 1554. Auch die Quelle von 1556 macht keinen authentischen Eindruck. Als Anlass hat der Hymnologe Friedrich Spitta den Tod von Albrechts erster Frau Dorothea, einer dänischen Königstochter, vermutet, was für die Kopenhagener Zuweisung sprechen könnte. Sie starb allerdings schon 1547, sieben bis neun Jahre vor Veröffentlichung des Liedes. Inzwischen hatte Albrecht wieder geheiratet: die Fürstentochter Anna-Maria von Braunschweig-Calenberg, was gegen die Zuweisung spricht. Auffällig ist auch eine gewisse Nähe zu dem Lied von Ambrosius Blaurer *Wie's Gott gefällt, so gfällt's auch mir, / ich lass mich gar nicht irren,* das im EKG (Nr. 281) noch unmittelbar hinter unserem Lied stand und mit ihm den Strophenbau, allerdings kaum (wie dort angegeben) die Melodie gemeinsam hatte.[6]

[6] Blaurers Lied erschien 1552 (HEKG III/2, 261), also bevor unser Lied mit der Melodie Sermisys erschien.

Man kann dieses Lied als das „Hohelied des Gottvertrauens“ charakterisieren. *Was mein Gott will, gescheh’ allzeit, / sein Will, der ist der beste.* Mit dieser Erkenntnis setzt gleich die 1. Strophe ein. Der hier singt, setzt auf diesen „seinen“ Gott. Die ältere Hymnologie unterschied das reformatorische Wir-Lied vom pietistischen Ich-Lied, wurde damit aber beiden nicht gerecht. *Mein Gott* – so höchstpersönlich von Gott zu reden und zu singen, lernte die Reformation nur wenig später als die Gemeinderede von „unserm Gott“. Schon Martin Luther hört in seinem frühesten Kirchenlied *Nun freut euch, lieben Christen gmein* (EG 341) Christus zu sich sprechen und vernimmt Gott höchstpersönlich: *Er sprach zu mir: ‚Halt dich an mich …‘* (Str. 7). Der singende Beter hört und findet in der Stimme des Gottessohnes seinen persönlichen Gott. Wenige Jahrzehnte später kann unser Lied von Gott ganz unmittelbar und zugleich ganz allgemein reden: *Was m e i n G o t t will, gescheh a l l z e i t*. An Gott glauben ist Vertrauens-, nicht Verstehenssache. Erfahrungen können Lob und Dank auslösen. Aber Gott-Vertrauen kann das auch, wo Erfahrung ausbleibt, wo Gott mir verborgen bleibt, wo sein Handeln mir überhaupt nicht einleuchtet. Das kann nur dann gelingen, wenn ich *mein(en) Gott* erkenne. Dieses Gottesverhältnis als Vertrauensverhältnis muss sich zuweilen, wenngleich nicht immer, wider allen Augenschein behaupten. Der oft genug „verborgene Gott“ (Luther) ist uns in Christus so menschlich-persönlich nahegekommen, dass sich Verborgenheit und Geborgenheit nicht mehr ausschließen. Es geht nicht um „Für-wahr-Halten“, sondern um Vertrauen, das auf Vertrautheit basiert. So führt die Eingangsstrophe von sentenzhafter Allgemeinheit doch alsbald zu einer höchstpersönlichen Vertrauensbekundung. *Wer Gott vertraut, fest auf ihn baut, / den will er nicht verlassen.* Diesen Reim kennen wir auch von einem anderen Lied: Mit *Wer Gott vertraut, hat wohl gebaut / im Himmel und auf Erden* (EKG 284,1[7]) beginnt eine Strophe gleichen Versmaßes, die von dem lutherisch-orthodoxen Theologen Joachim Magdeburg (1525–1587) geschrieben wurde und mit einer eigenen Melodie im selben von ihm verantworteten Druck wie unsere Melodie erschienen ist.[8] Dieser Text präzisiert das Gottvertrauen gleich in der Folgezeile als Christusglauben: *Wer sich verlässt auf Jesus Christ, / dem muss der Himmel werden.* Möglicherweise hat Joachim Magdeburg unser Lied christologisch eindeutiger verankern wollen. Der Dichter unseres Liedes hingegen setzt den Christusglauben für seinen Gottesglauben voraus und wendet sich dann den heilsamen Folgen zu, gebündelt in der Erkenntnis, Gottes Wille sei auf jeden Fall *der beste.*

Str. 2 liefert dazu persönliche Konkretionen: *Trost* und *Zuversicht, Hoffnung* und *Leben*, daher meinerseits: *nicht widerstreben.* Der folgende Satz: *Sein Wort’ sind wahr, denn all mein Haar / er selber hat gezählet* bezieht sich auf das Jesuswort: *Bei euch aber sind sogar die Haare auf dem Haupt alle gezählt* (Mt 10,30, vgl. Lk 21,18). Das war kein einmaliger Vorgang, sondern bezeichnet gleichsam die unaufhörliche Obhut, in der Gott *hüt’ und wacht, stets für uns tracht’, / auf dass uns gar nichts fehlet.*

In der Haltung der Ergebung (*will ich nicht widerstreben*) blickt Str. 3, die ursprüngliche Schlussstrophe (siehe unten), auf das Lebensende voraus: *will ich ihm halten stille.*

[7] Das Lied ist in einigen Regionalteilen des EG enthalten. EG-West 660 hat nur die erste, auf Joachim Magdeburg zurückgehende Strophe aufgenommen.

[8] Wie Anm. 5 unter der Überschrift *Sambstag zu Abendt.*

Dass hier ein *Sünder* mit einer *armen Seel* singt, wird als nicht erklärungsbedürftig vorausgesetzt. Viel mehr Gewicht bekommt dafür *Gottes Wille* und, dass [e]*s ihm gefällt*. So kann die Vertrauensbekundung der Strophen 1–3 in ein zusammenfassendes Dankgebet münden, das implizit auf Jesus Christus verweist: *Du treuer Gott, Sünd, Höll und Tod / hast du mir überwunden.*

Damit ist eigentlich alles gesagt, was das Lied bewegt. Eine 4. Strophe wurde allem Anschein nach von anderer Hand nachträglich angefügt, anknüpfend an den vorigen Gebetsschluss. Sie hat zwei Anliegen. Das eine weist uns heute in den Bereich der Psychologie: Gott möge dem Beter helfen, der Anfechtung, die z. B. in einer Depression bestehen kann, standzuhalten: *wenn mich der böse Geist anficht, / lass mich, Herr, nicht verzagen.* Das andere erwächst aus der hymnischen kirchlichen Tradition, doxologisch zu schließen. Das Besondere dieses Liedschlusses ist, dass offenbar Gott selbst seine Ehre verteidigen muss: *Hilf, steu'r und wehr … zu Ehren deinem Namen.*

Die Melodie schuf der französische Kapellmeister Claude de Sermisy für seine Sammlung von 34 Chansons (1528/29). 1540 begegnet sie in den Souterliedekens (Psalmlieder) mit geistlichem Text (zu Ps 128). Sie hat die Form eines sogenannten Reprisenbars: Die Stollenmelodie fasst jeweils zwei Zeilen zusammen. Sie wird nicht nur einmal wiederholt, sondern erklingt vollständig ein drittes Mal als abschließende Reprise. Sie lässt deutlich ihre Bestimmung für eine mehrstimmige Einkleidung mit wechselnden harmonischen Schwerpunkten erkennen. Insgesamt changiert die Tonalität nach moderner Auffassung zwischen dem C-Dur- und dem a-Moll-Raum. Stollen und Reprise wenden sich zunächst ins Dur (Mittelzäsur) und schließen mit der moll-Finalis *a*. Den Abgesang eröffnet ein dreifach betontes *a*. Er beginnt mit einem Binnenreim (*Not–Gott*), zwei Kurzzeilen, die sich zusammen im G-Dur-Raum bewegen. Die folgende Zeile durchschreitet den Quartraum *g-c*, bevor die überwiegend als C-Dur gehörte Reprise die abschließende Rückwendung zur Grundtonalität a-Moll bringt. Obwohl Skalengänge insgesamt vorherrschen, werden Mollterz und Quarte sparsam, doch wirksam eingesetzt, um Melodik und Deklamation zu profilieren. Bei der Zusammenstellung/Anpassung der Melodie von Sermisy mit dem/an den Text gelang Joachim Magdeburg 1572 eine Synthese aus Deklamation und Melodik, ein kleines musikalisches Kunstwerk, sangbar für verschiedene Texte gleichen Strophenbaus.

Joachim Stalmann

368 In allen meinen Taten

EG 368 RG 676 EM 338

Text

Verfasser Paul Fleming **Entstehung** 1633 anlässlich einer Teilnahme des Dichters an einer Gesandtschaftsreise nach Moskau **Quelle** *D. Paul Flemings Teütsche Poemata*, Lübeck 1642[1] **Überschrift** *IV. Nach deß vj. Psalmens Weise.* **Ausgaben** FT I,489; Neudruck: Paul Fleming, Teütsche Poemata, Hildesheim 1969 **Strophenbau** A7/3a- A7/3a- A6/3b, A7/3c- A7/3c- A6/3b Frank 6.9 **Abweichungen** V 6 braucht jeweils 2 Silben mehr, um zur M zu passen: 1,6 *selbst geben* Rat; 2,4 mit *seinen* Sachen; 2,6 in seine *Gunst*; 3,2 hat *versehen*; 3,5 von mir *geliebet*; 3,6 *Das* hab; 4,6 was mir nützt (ohne „ewig"); 5,4 auf *mein*; 5,6 noch Gedult (ohne „mit mir"); nach 5: 6. *Ich zieh in ferne Lande*; 7. *Bin ich in wilder Wüsten*; 8. *Er wird zu diesen Reisen*; 9. *Sein Engel, der getreue*; 10. *Leg ich mich späte nieder*; 11. *Hat er es denn beschlossen*; 6[Q=12],6 weiß die (ohne „allein"); nach 6: 13. *Gefällt es seiner Güte*; 14. *Indeß wird er den meinen*; 7[Q=15],6 weiß allen (ohne „der" und „zu") * RG: 2,6 ich *stell es ganz* in; 3,6 *das will* auch ich *zu jeder Frist*; 4,6 nichts fehlen *wird mir*, was mir nützt (ohne „ewig"); 5,4 auf *mein* Verbrechen; nach 5: 6. *Was er für mich beschlossen* * EM: 2,6 ich *stell es ganz* in seine *Gunst*; 3,6 *das will* auch ich *zu jeder Frist*; 4,6 nichts fehlen *wird mir*, was mir nützt (ohne „ewig"); 5,4 auf *mein* Verbrechen **Verbindung TM** in der Q ohne N, die Überschrift verweist auf die Genfer Melodie zu Ps 6 (Pidoux 6c) bzw. den entsprechenden Lobwasserpsalm *In deinem großen Zoren* (Z II,2266 = RG 6 zu *Schau auf mich, Gott, in Gnaden*) * erste Eigenmelodie Z II,2274 (DKL 1661[08]) * Z II,2275–2288.2302, V,8706 (Eigen- und Lehnmelodien des 17. und 18. Jh.) * RG: spätere, geradtaktige Form von EG 521 * EM: Z II,2276 (Johann Quirsfeld 1679) und als zwei Alternativen wie EG und RG

Melodie

s. *O Welt, ich muss dich lassen* (EG 521)

Literatur

HEKG (Nr.292) III/ 2,281 f; Sb, 452–455.583; HEG II,92 ** ThustB, 327 f/Nf, 305; ThustL II, 205 ** KLL (1878–1886) I, 407; Nelle ([3]1924/1962), Nr. 380; NelleG ([3]1928/ 1962), 118 Bruppacher (1953), 303 f; RößlerL ([2]2001), 431 ** Berger, Kurt: Barock und Aufklärung im geistlichen Lied, Marburg 1951, 152 ** Röbbelen, Ingeborg: Theologie und Frömmigkeit im deutschen evangelisch-lutherischen Gesangbuch des 17. und frühen 18. Jahrhunderts, Göttingen 1957, 91 f.225 * Hüttel, Walter: Paul Fleming. Konrad Ameln zum 75. Geburtstag, JLH 18 (1973/74), 198–200 (bes. 200) * Wittenberg, Andreas: Militärgesangbuch und Militärseelsorge in Vergangenheit und Gegenwart, JLH 18 (1973/74) 97–162 (bes. 124.160) * Rössler, Martin: Bibliographie der deut-

[1] Digitalisat Niedersächsische Staats- und Universitätsbibliothek Göttingen: https://t1p.de/jh33 (23.11.2021).

schen Liedpredigt, Nieuwkoop **1976**, 258 * SCHULZ, Frieder: Das Malabar-Gebet. Forschungen zur evangelischen Gebetsliteratur, JLH 21 (**1977**) 88–98 (bes. 95) * SCHOTT, Christian-Erdmann: Der Glaube an die Führung Gottes im Evangelischen Kirchengesangbuch, JLH 23 (**1979**) 159–170 (bes. 162) * SAUER-GEPPERT **1984**, 220 * WITTENBERG, Andreas: Gedanken zu „Evangelisches Gesang- und Gebetbuch für Soldaten – Ein Literaturbericht“ von Waldtraut Sauer-Geppert, JLH 31 (**1987/88**) 120–126 (bes. 124)

Paul Fleming (1609–1640) gehört zu den größten Begabungen unter den deutschen Dichtern der Barockzeit.[2] 1631 wurde er zum „Poeta laureatus“ gekrönt. Von seinen zahlreichen geistlichen Gedichten hat nur dieses eine, freilich besonders kräftige, Eingang in die Gesangbuchtradition gefunden. Es ist ein Reiselied, das Lied eines „homo viator“. Der Erstdruck findet sich mit insgesamt fünfzehn Strophen in Flemings „Teütsche[n] Poemata“ von 1642. Die erste bis fünfte, die zwölfte sowie die letzte Strophe bilden EG 368. Das Deutsche Evangelische Gesangbuch (DEG 223) hatte die Strophen 6–9 und 13–14 herausgezogen und – mit der Zwischenüberschrift „Auf der Reise“ versehen – nach den Strophen 1–5, 10–12 und 15 abgedruckt. EKG 292 hatte entweder diese Fassung übernommen[3] oder eine um die Reisestrophen gekürzte.[4]

Die im EG fehlenden Strophen lauten im Original:

[1.–5. = EG]

6. *Ich zieh' in ferne Lande /*
zu nützen einem Stande /
an den er mich bestellt.
Sein Segen wird mir lassen /
was gut und recht ist / fassen /
zu dienen seiner Welt.

7. *Bin ich in wilder Wüsten /*
so bin ich doch bey Christen [Christus] /
und Christus ist bey mir.
Der Helffer in Gefahren /
der kan mich doch bewahren /
wie dorte / so auch hier.

8. *Er wird zu diesen Reisen /*
gewünschten Fortgang weisen /
wol helffen hin und her.
Gesundheyt / Heyl und Leben /
Zeit / Wind und Wetter geben /
und alles nach Begehr.

9. *Sein Engel / der getreue /*
macht meine Feinde scheue /
tritt zwischen mich und sie.
Durch seinen Zug / den frommen /
sind wir so weit nun kommen /
und wissen fast nicht wie.

10. *Leg' ich mich späte nieder /*
erwach' ich frühe wieder /
lieg' / oder zieh' ich fort.
In Schwachheit und in Banden /
und was mir stoßt zu handen /
so tröstet mich sein Wort.

11. *Hat er es denn beschlossen /*
so will ich unverdrossen /
an mein Verhängniß gehn /
Kein Unfall unter allen /
wird mir zu harte fallen /
Ich will ihn überstehn.

[12. = EG 6.)

[2] Vgl. Heinz Entner, Paul Fleming. Ein deutscher Dichter im Dreißigjährigen Krieg, Leipzig 1989; Eberhard Haufe, „Wir vergehn wie Rauch von starken Winden“. Zur Lyrik des 17. Jahrhunderts, in: ders., Schriften zur deutschen Literatur. Göttingen 2011, 32–51.

[3] Z. B. Ausgabe für die evangelisch-lutherischen Kirchen Niedersachens. Hannover.

[4] Z. B. Ausgabe für die Landeskirchen Rheinland, Westfalen und Lippe.

13. *Gefällt es seiner Güte*
und sagt mir mein Gemühte
nicht was vergeblichs zu /
So werd' ich Gott noch preisen
mit manchen schönen Weisen /
daheim in meiner Ruh.

14. *Indeß wird er den meinen /*
mit Segen auch erscheinen /
Ihr Schutz / wie meyner / seyn /
wird beyderseits gewehren /
was unser Wunsch und Zähren /
Ihn bitten überein.

[15. = EG 7.)

Die erste Strophe schlägt das Thema an: In *allem*, was mein Leben bestimmt und ausmacht, verlasse ich mich auf den Rat und die Hilfe dessen, der *alles* kann und hat, des allmächtigen Gottes. Wenn dieses mein Leben überhaupt *gelingen*, also gut, erfolgreich und gottgefällig werden soll, muss er selbst es sein, der mir Weisung gibt und diese Weisung zu gelingendem Tun werden lässt. Ein gutes Leben könnte also ein solches sein, in dem Gott *alles in allem* ist (1. Kor 15,58).

Dem dreimaligen *allen* bzw. *alles* gegenüber wird die zweite Strophe mit *Nichts* eröffnet – dort das Wirken des Höchsten, der *alles* kann und hat, hier mein menschliches Tun, das *nichts* und *umsonst* ist. *Es ist doch unser Tun umsonst, auch in dem besten Leben* (EG 299, Str. 2,3–4) hatte Luther gedichtet, und sein Lied war Fleming aus eigener Gottesdiensterfahrung gewiss bekannt.

Nach der Feststellung des menschlichen Unvermögens ist klar, dass es um Gottes Handeln am Menschen, an *mir*, zu tun ist: Was er mir bestimmt, *nehme* ich an (Str. 3); ich ver*traue* ihm, weil er es gut mit mir meint (Str. 4); ich bitte ihn um Vergebung meiner *Sünden* und hoffe auf seine Vergebung – *Verbrechen* (Str. 5,4) ist hier im Sinne von Schuld oder auch einfach einer schädigenden Handlung zu verstehen, nicht im Sinne eines Kapitalverbrechens – und seine *Geduld* (Str. 5); er ist der Herr über meine Lebenszeit, ich kann und brauche mich darum nicht zu kümmern, weil ich mich ihm ergeben, also ganz und gar anvertraut habe (Str. 6). In der Schlussstrophe richtet sich der Sänger an sich selbst: *So sei nun, Seele, deine* – sei ganz du selbst, indem du dich allein deinem Schöpfer anvertraust. Was auch immer geschehen mag, der allmächtige und allwissende Gott, der dein Vater im Himmel ist, kann dir in allem und jedem helfen. Noch einmal werden in der letzten Strophe die entscheidenden Worte der ersten aufgerufen: *allen* und *Rat*. Rat aber ist nicht allein Ratschlag und Weisung, sondern Schutz und Hilfe und umfassende Fürsorge und Begleitung (vgl. etwa Ps 73,23–26, bes. 24) – *der weiß zu allen Sachen Rat* bedeutet tatsächlich, dass es nichts und niemanden gibt, dem Gott nicht mit seinem Eingreifen begegnen könnte. Rat ist eine umfassende Bestimmung von Gottes Wirken am Menschen, an mir und für mich.

Zu den Schlüsselwörtern des Liedes gehört das Wort *Verhängniß* (vgl. ausdrücklich in Str. 11 des Originaltextes).[5] Es bündelt gleichsam alles, was der Dichter über das Geschick zu sagen hat: In allem kommt es am Ende auf den an, der mich geschaffen hat,

[5] Vgl. dazu Grimm, Deutsches Wörterbuch s.v. – Der Ausdruck kann im Sinne von „fatum" verstanden werden; entscheidend für das Verständnis ist, ob man eine und ggf. welche (göttliche) Macht man hinter einem Verhängnis annimmt oder glaubt. Je nach dem bemisst sich auch die Annahme als dem Leben schädlich oder dienlich. – Vgl. auch Hermann Deuser, Vorsehung I, in: TRE 35, 302–323, bes. 307–310.

erhält und trägt. *Verhängniß* ist daher nicht das blinde „fatum", das Geschick, das der Mensch einfach hinzunehmen hat und dem er ohne die Möglichkeit irgendeines Verstehens hilflos ausgeliefert wäre. *Verhängniß* ist vielmehr „directio" oder „providentia divina", göttliche Leitung und Führung, ist göttliche Anordnung und Gottes ‚Geschäft', das freilich den Menschen verborgen bleiben und nicht von ihnen verstanden werden kann, sein Wirken also, das, was er für mich *ersehen* hat.

Zum Verständnis von *Verhängniß* kann man aus den lutherischen Dogmatiken der Zeit etwa Leonhart Hütters „Compendium locorum theologicorum" (1610) oder Johann Friedrich Königs „Theologia positiva acroamatica" (1664) heranziehen.[6] Unter dem locus „De providentia" wird gelehrt, dass der Schöpfer in seinen Handlungen seine Schöpfung auch erhält, und zwar durch „conservatio, cooperatio" oder „concursus" und „gubernatio"; letztere wiederum geschieht durch „permissio, impeditio, directio" oder „determinatio". Königs aus diesen Einzelschritten gewonnene Definition der „providentia" lautet: „Die Vorsehung ist ein äußeres Werk des dreieinen Gottes, durch das er die von ihm geschaffenen Dinge insgesamt und je einzeln allmächtig erhält, ihre Tätigkeiten und Wirkungen unmerklich beeinflußt und alles aufs weiseste lenkt zu seines Namens Ehre und zum Nutzen dieser Welt und besonders der Frommen."

Fleming hat das so verstandene *Verhängniß* und den lebenspraktischen Umgang mit ihm auch in einem Sonett thematisiert:

An Sich
Sey dennoch unverzagt. Gieb dennoch unverlohren,
Weich keinem Glücke nicht. Steh' höher als der Neid.
Vergnüge dich an dir / und acht es für kein Leid /
hat sich gleich wieder [gegen] dich Glück'/ Ort / und Zeit verschworen.

Was dich betrübt und labt / halt alles für erkohren,
Nim dein Verhängnüß an. Laß' alles unbereut.
Thu / was gethan muß seyn / und eh man dirs gebeut.
Was du noch hoffen kanst / das wird noch stets gebohren.

Was klagt / was lobt man doch? Sein Unglück und sein Glücke
ist ihm [sich] ein ieder selbst. Schau alle Sachen an.
Diß alles ist in dir / laß deinen eiteln Wahn /

und eh du förder [weiter] gehst / so geh in dich zu rücke.
Wer sein selbst Meister ist / und sich beherrschen kan /
dem ist die weite Welt und alles unterthan.[7]

[6] Leonhart Hütter, Compendium locorum theologicorum ex scripturis sacris et libro concordiae. Lateinisch – deutsch – englisch, kritisch hg. von J. A. Steiger, Stuttgart-Bad Canstatt 2006, Locus septimus, 140–151. – Johann Friedrich König, Theologia positiva acroamatica (Rostock 1664), hg. von A. Stegmann, Tübingen 2006. Das Werk erlebte bis nach 1700 zahlreiche weitere Auflagen. Das im Text folgende Zitat: 103 § 276.

[7] In: Teütsche Poemata (s. o. Text/Quelle), 576.

Die in der Quelle enthaltene Überschrift „Nach deß vj. Psalmens Weise“ verweist auf die metrisch passende Genfer Psalmmelodie zu Psalm 6 von Guillaume Franc (1542). Flemings Lied erhielt jedoch im Laufe des 17. bis 19. Jahrhunderts eine große Zahl unterschiedlicher Melodien. Bekannt geworden ist vor allem die Zuweisung der Melodie von *O Welt, ich muss dich lassen*, die ihrerseits auf die bei Heinrich Isaac belegte Melodie *Innsbruck, ich muss dich lassen* zurückgeht. Der geistliche Text hat in der letzten Zeile acht Silben statt nur sechs wie der weltliche, so dass die Melodie im Laufe der Zeit entsprechend angepasst wurde (vgl. Z II,2293a–d). Ihre Zuweisung zu Flemings Text erforderte nun ihrerseits eine Erweiterung der letzten Textzeile jeder Strophe um zwei Silben, eine Änderung, die von den Kommentatoren später kontrovers beurteilt wurde. Einige der späteren Eigenmelodien beziehen sich auf den erweiterten Text und zeigen ebenfalls die achtsilbige Schlusszeile. Die Zuweisung zur „Innsbruck“-Melodie lässt sich erstmals in der 1668 in Frankfurt a. O. erschienenen Ausgabe der „Praxis Pietatis Melica“ belegen.[8]

In dieser Kombination, die sich spätestens mit dem Eisenacher Stamm von 1854 durchgesetzt hat (dort Nr. 120), hat Flemings Lied eine breite Rezeption in der Musik gezeitigt, vor allem bei Johann Sebastian Bach. Dieser hat seine Kantate *Meine Seufzer, meine Tränen* (BWV 13) mit der Strophe *So sei nun, Seele, deine* beschlossen, ebenso Kantate 44 *Sie werden euch in den Bann tun*, jeweils mit einem schlichten Choralsatz. Der neunsätzigen Choralkantate *In allen meinen Taten* (BWV 97) liegen dagegen neun Strophen von Flemings Lied zugrunde, und zwar (nach der ursprünglichen Fassung) 1–5.10–12 und 15 – also derjenigen Fassung, die noch das EKG überlieferte.

Noch in dem gegenwärtig im Gebrauch befindlichen Militärgesangbuch „LebensrhYthmen. Evangelisches Gesang- und Gebetbuch für Soldatinnen und Soldaten“ ist das Lied unter der Rubrik „klagen trösten hoffen“ in einer dreistrophigen Fassung (Nummer 130 = EG 368,1.4.7) enthalten.

Johannes Schilling

[8] Für diesen Absatz zur Melodie danke ich Andreas Marti.

390 Erneure mich, o ewigs Licht

EG 390 CG 749

Text

Verfasser Johann Friedrich Ruopp[1] **Quellen** (a) *Geistreiche Gesänge Vor JEsum=liebende Seelen*, o.O. 1704[2] * (b) *Neues Geist=reiches Gesang=Buch* (Johann Anastasius Freylinghausen), Halle 1714 (DKL 1714[06])[3] **Überschrift** (a) *Mel. HErr JEsu Christ meins Lebens Licht etc.* * (b) *Mel. Herr Jesu Christ / meins Lebens etc.* **Ausgabe** FreylEd II/1, 310 **Strophenbau** A8/4a A8/4b A8/4a A8/4b vgl. Frank 4.59 **Abweichungen** (a) nach 1: 2. *Ertödt in mir die fleisches=lust*; 2[Q = 3],3–4 *ein willig opfer wilt ja du / Und altes fleisch taugt nicht darzu*; nach 2: 4. *Mach in mir das gedächtnis neu*; 5. *Des fleisches willen tödt in mir*; 6. *Und wie ich ohn dein gnaden=licht*; 7. *Mach in mir das gewissen rein*; 3[Q = 8],2–4 *Und stäts hinauf gerichtet* stehn/*Daß ich dein wort mit freuden hör/Mein hertz nach ihm in allem kehr*; danach: 9. *Gib, dass ich finde deine krafft*; 10. *Wenn ich in deinem wort dich such*; 11. *Und weil du voller Güte bist*; 12. *Und wie ich von mir selbs nichts kan*; 13. *Wie dieses ohne glauben nicht*; 14. *So würcke, HErr! durch deinen Geist*; 15. *In allem, o HErr JEsu Christ!*; 16. *So acht ich nicht deß teufels list* * (b) nach 1: 2. *Ertödt in mir die schnöde Lust* **Verbindung TM** (a+b) ohne N, zur in den Überschriften genannten Melodie vgl. Z I,533–537 – zu (a): Z I,535 (EG 72; s. Heft 12, S. 52, und EKG 264, vor allem in Gesangbüchern aus dem Süden); zu (b): Z I,533a (vor allem in Gesangbüchern aus dem Norden und Osten) * Weitere Melodien: *Erhalt uns Herr, bei deinem Wort* (EG 193 im Gesangbuch für den Konsistorialbezirk Kassel 1920); *Wo Gott zum Haus nicht gibt sein Gunst* (EKG 194 im Gesangbuch Sachsen 1883 und 1908); *Wenn wir in höchsten Nöten sein* (EG 366 im Gesangbuch Schlesien 1908).

Melodie

s. *O Jesu Christe, wahres Licht* (EG 72)

[1] Die Zuschreibung an Ruopp beruht auf Johann Heinrich Grischow/Johann George Kirchner, Kurzgefasste Nachricht von ältern und neuern Liederverfassern, Halle 1771 (nach: FreylEd II/3, 161). Vgl. dazu: Gudrun Busch, Melodeien zu der Wernigerödischen Neuen Samlung geistlicher Lieder (Halle 1767) – ein pietistischer Hof und sein Choralbuch, in: Gudrun Busch/Wolfgang Miersemann (Hg.), Geist=reicher Gesang. Halle und das pietistische Lied, Tübingen 1997, 287–312, bes. 298–300. – Dank an Dianne McMullen für diesen Hinweis.

[2] Digitalisat Franckesche Stiftungen, Halle/S.: https://t1p.de/9eo3 (24.11.2021). – Der Titel wurde in HEKG III/2 falsch wiedergegeben und war daher nicht auffindbar. Vgl. Scherf, Joachim: Nachricht über ein verschollenes Buch (Johann Ruopps Jesuslieder), o.J. (https://iah-hymnologie.de/de/material/material-zu-kirchenlied-gesangbuch-und-liturgiegesang/ [24.11.2021]) und FreylEd II/3, 161.

[3] Digitalisat Bayerische Staatsbibliothek München: https://t1p.de/8hvw (24.11.2021).

Literatur

HEKG (Nr.264) III/2, 225f; Sb, 415f; HEG II, 265f ** WGL1 VII,261–264; ThustB,343f/Nf 320; ThustL 249f ** KLL (1878–1886) I, 172f; NelleG ([3]1928/ 1962), 207; FreylEd II/3, 161; Rößler ([2]2001), 646f ** Gerber, Hermann: Ein Elsässer Pietist, in: Weg und Wahrheit 8 (**1953/54**) 346 * Krieg, Gustav Adolf: Das Kirchenlied zwischen Traditionalismus und Säkularismus. Ein historischer und systematischer Beitrag zum Kriterienproblem in der Hymnologie, JLH 34 (**1992/93**) 22–56 (bes. 50)

Ein streitbarer Pietist ist Johann Friedrich Ruopp gewesen. Wie Philipp Jakob Spener stammte er aus dem Elsass. In EG 390 zeigt sich pietistische Prägung bereits im Auftaktmotiv der Erneuerung des Menschen durch Christus. Mit dem Verb „erneuern" greift Ruopp einen Zentralbegriff aus Speners Kirchenreformprogramm auf.[4] Lichtmetaphorik macht den Erneuerungsprozess anschaulich. Unter Bezugnahme auf Joh 8,12 wird Jesus als *Licht der Welt* angerufen und gebeten, in denjenigen zu leuchten, die sich ihm singend zuwenden. Dass Ruopp im Blick auf die Erneuerung des Menschen Lichtmetaphorik verwendet, kann als frühe antiaufklärerische Pointe verstanden werden. Der Aufklärung war Ruopp in seiner oberrheinischen Heimat vielfach begegnet und auch in Halle, wohin er 1705 zog, war sie präsent.[5] Gegen sie und ihre Theologie trat der Pietismus an. Ruopp setzt Christus als Licht der Welt gegen die Grundannahme der europäischen Aufklärung, dass die Erneuerung des Menschen durch sein inneres „lumen naturale" (natürliches Licht) erreicht werden könne. Originell ist die Gegenüberstellung von natürlichem Licht und Christus nicht. Sie steht im Einklang mit barocklutherischen Positionen. Mittels christologischer Lichtmetaphorik bringt Ruopp die beiden Bewegungen des Glaubens zur Darstellung: Die Ausstattung eines Menschen mit dem Geist Gottes (Str. 1: *durchleuchtet und erfüllet*), die als Rechtfertigung eine Verbindung mit Gott schafft (iustificatio), sowie das Konkretwerden der Geisterfüllung im ausstrahlenden Tun des Menschen (Str. 2: *neuen Geist / der dir mit Lust Gehorsam leist*), theologisch gesagt: in der Heiligung (sanctificatio).

Ruopps Lied umfasste ursprünglich 16 Strophen (s. o. im Hymnologischen Nachweis). Ob diejenigen Verse von EG 390, die sich nicht in Ruopps Originalfassung finden (die jeweils zweiten Hälften der Strophen 2 und 3), von Ruopp selbst oder von einem anderen stammen, ist unklar. Dass die heutige Fassung des Liedes die zentrale Strophe komplett der Heiligung widmet, ist ein pietistischer Akzent. Der Zugriff des Liedes auf das Thema „Heiligung" entspricht der lutherischen Tradition: Allein Christus befähigt Menschen zum Tun des Guten (Phil 2,13). Pietistische Theologen teilen diese

[4] Vgl. Johannes Wallmann, Geistliche Erneuerung der Kirche nach Philipp Jakob Spener, in: Pietismus und Neuzeit 12 (1986), 12–37.

[5] Vgl. Bernard Vogler, Religion und Kultur, in: Kirchengeschichte am Oberrhein, ökumenisch und grenzüberschreitend, hg. von Klaus Bümlein u. a. Ubstadt-Weiher/Heidelberg/Basel 2013, 81–95, hier: 86; Udo Sträter, Art. Halle, Universität, in: Religion in Geschichte und Gegenwart[4] 3 (2000), Sp. 1391–1393, hier: Sp. 1392.

Einschätzung ausnahmslos. Spener schreibt im Vorwort seiner „Evangelische[n] Lebens-Pflichten" (1692):

> Wie dann ob wol das gesetz gleichwie die wercke fordert und mit trohen treibet / also auch derselben regel bleibet / dannoch alles vermögen dazu auß dem H. Geist / den wir in dem evangelio empfangen / erlanget werden muß […][6]

Im 16-strophigen Ausgangstext von EG 390 wird die Notwendigkeit der Heiligung des Christenmenschen ebenso mit großem Nachdruck zur Sprache gebracht. Die erhebliche gekürzte Fassung bewahrt damit die Hauptaussage des Ausgangstextes.

Die dritte Liedstrophe greift – ganz der lutherischen Tradition verhaftet – eschatologisch aus. Sie gibt der Hoffnung Ausdruck, entsprechend 1. Kor 13,12 und 1. Joh 3,2 einmal Jesus, das ewige Licht, *von Angesicht zu Angesicht* sehen zu können. Ruopp spricht hier die selige Schau Gottes (beata visio Dei) an. Im Glauben an Christus Verstorbene werden ihrer teilhaftig. Als im Licht Gottes Stehende überwinden sie alles Unwissen. Sie erkennen klar und hell die Wahrheit, die ihnen im irdischen Leben bestenfalls bruchstückhaft zugänglich war.

Dass die natürliche Vernunft Gottes Wege zum Heil nicht recht begreifen könne, steht im Hintergrund der eindringlichen Bitte in der dritten Strophe, dass Christus den dauerhaften Blick nach „droben" ermöglichen möge. Das Thema „Anfechtung" bringt Ruopp hier ins Spiel, näherhin die Befürchtung, dass Leid und Bedrängnisse Menschen von Gottes Heilswegen abbringen könnten. In einem Reimgedicht anlässlich des Begräbnisses von Magdalena Sophia Brummer von Bährenfeld entfaltet Ruopp diesen Zusammenhang breiter: Glaube und Vernunft unterhalten sich dort.[7] Der Glaube unterstreicht mit Mt 7,13 f., dass der Steg zum ewigen Leben eng, steinig und mit Anfechtungen gepflastert sei. Die Vernunft hält dagegen. Der Glaube bestreitet alternative Routen zum Heil. Er hebt hervor, dass es den Weg zu Gott ohne Leid und Anfechtung nicht gebe. Am Ende bezeichnet er mit Mt 13,43 die Seelen der Erlösten als Sonnen, die um den Thron Gottes kreisen. Das Bild von den Erlösten als den Thron Gottes umkreisende Sonnen passt exakt zur zentralen Bitte in EG 390, von Christus im irdischen Leben und im ewigen Leben einmal dauerhaft durchleuchtet zu werden. Typisch pietistisch an Ruopps Lied sind nicht die theologischen Motive, sondern der Nachdruck, mit dem sie zur Sprache kommen. Ebenso pietistisch ist das Lied – auch in seiner 16-strophigen Ausgangsfassung – in der Beschränkung auf wenige Themen. Nimmt die geistliche Lyrik des Pietismus doch generell Abstand von der theologisch-thematischen Fülle barocklutherischer Dichtung.

Menschen unserer Zeit kommt die thematische Beschränkung von EG 390 fraglos entgegen. Die aufklärungskritische Stoßrichtung des Textes dürfte kaum mehr ins Auge fallen. Worum es bei Ruopps Aufklärungskritik geht, ist freilich heute so aktuell wie damals: Ein Mensch ist bei aller geistlichen Fitness grundsätzlich außer Stande, sich mittels

[6] Vgl. Philipp Jakob Spener, Die Evangelische [sic] Lebens-Pflichten 1692. Predigten über die Evangelien (1687/88). 1. Advent bis Exaudi, eingeleitet von Erich Beyreuther (= Philipp Jakob Spener Schriften III.2.1.), Hildesheim/Zürich/New York 1992, fol.):():(3r.

[7] Johann Friedrich Ruopp, Die im Creutz durch den Glauben Besiegte Vernunfft, Halle/Saale [1707].

Vernunft und Einsicht, mithin aus eigenen Kräften mit Gott zu verbinden. Dass Christus es ist, der Menschen durch die Gabe seines Lichtes zu einem Leben entsprechend den Geboten Gottes befähigt sowie postmortal Zugang zur Seligkeit eröffnet – diese Verheißung gilt heute unverändert. Die pietistische Kernforderung schließlich, dass Glaube im Leben bewährt werden müsse, hat seit dem 17. Jh. nichts an Aktualität eingebüßt.

Der Text hat im Laufe der Zeit verschiedene Melodien zugewiesen bekommen. Dabei dominieren die jetzt verwendete Melodie (EG 72), gedruckt zuerst 1625 in Leipzig, und die Melodie, die im EG bei *Ach lieber Herre Jesu Christ* steht (EG 203), zuerst gedruckt 1676 in Nürnberg. Beide gehören zuerst zu *Herr (O) Jesu Christ, meins Lebens Licht* und verbreiten sich bis ins 19. Jahrhundert regional verschieden: die Leipziger Melodie im Norden und Osten, die Nürnberger Melodie im Süden. Erst in der zweiten Hälfte des 19. Jahrhunderts gelangt sie vereinzelt auch in den Norden. Entscheidend ist danach wohl ihre Aufnahme ins Elsässer Gesangbuch von 1899, das auf die Gesangbucharbeit im 20. Jahrhundert einigen Einfluss gehabt habt. Sie steht in den DEG-Ausgaben für die Auslandsgemeinden (1915, 1926) und für Rheinland-Westfalen (1930), während das DEG Brandenburg-Preußen (1931) die Leipziger Melodie verwendet. Der Melodieverweis in den Textquellen unseres Liedes dürfte sich angesichts der regionalen Situierung auf die Leipziger Melodie beziehen und nicht auf die heutige Text-Melodie-Verbindung, die sich zur fraglichen Zeit nur im Süden sicher belegen lässt.[8]

Die Melodie hat in der jetzigen Verbindung präzise gesetzte Betonungspunkte, bald beim Singenden, bald bei Christus, dem Adressaten und geistlichen Akteur des Liedes. Die Strophen sind paargereimt (aabb). Das jeweils erste Reimpaar hat einen ansteigenden, die zweiten Reimpaare haben einen abfallenden Melodieverlauf. Herzenserhebung (Lk 1,46 f.) und Herabkunft (Kondeszendenz) Gottes (Phil 2,5–8) werden auf diese Weise – in weitgehender Übereinstimmung mit den Stropheninhalten – musiksprachlich abgebildet.

Alexander Bitzel

[8] Für diesen Absatz zur Melodie danke ich Andreas Marti.

397 Herzlich lieb hab ich dich, o Herr

EG 397ö RG 651(ö) EM 120ö

Text

Verfasser Martin Schalling **Entstehung** 1569 **Vorlage** Str. 3: Lk 16,22 **Quellen** (a) Autograph in der Bibliothek des Landeskirchlichen Archivs, Nürnberg: W 11 [olim 178], datiert 2. Juli 1569 * (b) *Kurtze vnd sonderliche Newe Symbola etlicher Fürsten* […] (Mathias Gastritz), Nürnberg 1571 (DKL 1571[16])[1] **Überschrift** (a) *Gebett* **Ausgaben** W IV,1174; Faks. von (a) JLH 5/1960, Tafel VI, vor S. 153; Faks. von beiden Quellen in Schwämmlein 1985 **Strophenbau** A8/4a A8/4a A7/3b-, A8/4c A8/4c A7/3b-, A8/4d A8/4d A8/4e A8/4e A8/4 f A4/2 f A8/4 f **Abweichungen** (a) 1,4 *nit frewet mich*; 1,5 nach *himel und erd nit frag ich*; 1,6 ich *dich nur* kann; 1,10 *dein* Blut *hast*; 2,12 *mein Gott vnd Herr*; 2,13 *in schanden laß mich nimmermehr*; 3,2 *mein Seelelein* 3,5 ohn *einige* qual; 3,6 bis *an* Jüngsten * (b) 1,4 *nit frewet mich*; 1,5 nach *himel und erd nit frag ich*; 1,6 ich *dich nur* kann 2,12 *mein Gott vnd Herr*; 2,13 *in schanden laß mich nimmermehr*; 3,1 *dein Engelein*; 3,2 *mein Seelelein*; 3,5 ohn *einige* qual; 3,6 bis *an* Jüngsten * RG: 2,1 ist ja *dein Geschenk* **Verbindung TM** (a) ohne N * (b) eigene M (DKL III/2, A512; Schwämmlein 1985)

Melodie

Incipit 8__7_6_5_436_6_5__ **Vorlagen** vgl. Handschrift Ulm, Bibliothek Schermar Ms 235, Nr. 5 (um 1575; ediert in DKL III/3, Textband, S. 301 f) wohl nach Balthasar Musculus, Fünfunddreissig kurze christliche Gesänglein (DKL [1575[15]] in DKL III/3, S. 409–411) * stark figurierte Diskantstimme in: Zwey Bücher. Einer Neüen Kunstlichen Tabulatur auff Orgel vnd Jnstrument (Bernhard Schmid d. Ä.), Straßburg 1577 (DKL 1577[08]; DKL III/3, Textband, S. 300 f) * weitere Druckfassungen s. DKL III/3 Ek25 und Ek25A sowie DKL III/3, Textbd., S. 299–303 und DKL III/Abschließender Kommentarbd., S. 398 f und 553 f) **Quelle** *Christliche vnd Tröstliche Gesenge/Lateinisch vnd Deutsch* […], Frankfurt/Oder 1588 (DKL 1588[15]) **Ausgaben** Z V, 8326; DKL III/3 Ek25B **Ambitus** G: 9b; Z: 6b6b6(6b6b6)4445b443b3b **Abweichungen** Cantus eines 4st. Satzes; Quarte höher; ¢; Z. 1/2/4/5 N 1 punktierte Halbe, N 5–8 Viertel *c' h* ([1]*ich dich*) Halbe *e'* ([1]*o*/); Z. 3/6 N 5–7 punktierte Viertel mit Achtel *h' a'* ([1]*und*) Halbe Viertel *g' fis'* ([1]*Gna-*) Viertel *g'* ([1]*-den*); vor Z. 7 keine Pause; Z. 8 N 8 Halbe; Z. 9 N 2–7 Achtel, N 6 *fis'* (*Her-*); Z. 10 N 2 punktierte Halbe, N 7 o. Vorzeichen, N 8 Ganze; Z. 11 N 1 Ganze; Z. 14 N 6 *fis'* (*nim-*); Z. 11–14 mit Wiederholung * RG: kleine Terz höher; ¢ * EM: 4st. Satz (nach dem *Württembergischen Choralbuch* 1953); Ganzton höher; „halbe" Taktstriche (erstmals nach N 1); Schlusston Halbe **Verbindung MT** wie EG * *Marien Kind, Gott's Sohn, du bist* (P. Reinigius, DKL 1587[08]; DKL III/3, Ek25A)

[1] Digitalisat Bayerische Staatsbibliothek München: https://t1p.de/i5ct (1.3.2021) – Tenor S. 20 f.

Literatur

HEKG (Nr. 247) I/2, 389 f; III/2, 191–194; Sb, 385–387; HEG II, 270 ** ThustB, 348 f/Nf, 325 f; ThustL II, 265–268; Een Comp, Nr. 268 ** Koch (³1866–1877) VIII, 265–271; KLL (1878–1886) I, 289 f; EEKM (1888–1895) I, 582–585; Nelle (³1924/1962) Nr. 283; Schlunk (1951) 160 f; Bruppacher (1953) 73 f; DKL III (1993–2010)/2 Textbd., S. 60, DKL III/3 Textbd., S. 299–303.409–411 und DKL III/Abschließender Kommentarbd., S. 398 f und 553 f) ** Simon, Matthias: Die Entstehung des Liedes „Herzlich lieb hab ich dich, o Herr", Zeitschrift für bayerische Kirchengeschichte, 24. Jahrgang **1955**, 24–34 * Sommer, Ernst: „Herzlich lieb hab ich dich, o Herr", JLH 5 (**1960**) 154 f * Rössler, Martin: Bibliographie der deutschen Liedpredigt, Nieuwkoop **1976**, 255 * Sauer-Geppert **1984**, 25.85 f.98 f * Zippert, Christian: Liedpredigten, Kassel **1984**, 92–95 * Schwämmlein, Helmut: Mathias Gastritz, ein Komponist der „Oberen Pfalz" im 16. Jh. Leben und Werk, Regensburg **1985**, Teil 1 (Text), 341–360, Teil 2 (Noten), 142–146 * Zeller, Winfried: Tradition und Exegese. Johann Sebastian Bach und Martin Schallings Lied „Herzlich lieb hab ich dich, o Herr", in: Martin Petzold (Hg.), Bach als Ausleger der Bibel, Göttingen **1985**, 151–176 * Lenti, Vincent A.: Lord, Thee I Love with all my Heart. The Story of Martin Schalling's Classic German Hymn, Cross Accent 4 (July **1994**) 28–32 * Lenti, Vincent A.: The Earliest Lutheran Hymn Tradition as Illustrated by Two Classic Sixteenth-Century German Chorales, The Hymn 50 (**1999**) H. 2, 22–24 * Bartsch, Martin: Herzlich lieb hab ich dich, o Herr (Liedpredigt), in: Seeberg, Bengt (Hg.): Singen und Sagen. Eine Sammlung von Predigten aus der Evangelischen Kirche von Kurhessen-Waldeck über Lieder des Evangelischen Gesangbuches, Kassel **2000**, 200–204 * Marti, Andreas: Singen – Feiern – Glauben. Hymnologisches, Liturgisches und Theologisches zum Gesangbuch der Evangelisch-reformierten Kirchen der deutschsprachigen Schweiz, Basel **2001**, 122 * Lauterwasser, Helmut: Die Entstehung der Melodien zu „Herzlich lieb hab ich dich, o Herr" und „Nun lasst uns Gott, dem Herren" (RG 651 und RG 631), MGD 58 (**2004**) 46–54 * Micus, Rosa: „Herzlich lieb hab ich dich, o Herr" – eine Interpretation, Neues Musikwissenschaftliches Jahrbuch 16 (**2008/2009**), 81–90

Herzlich lieb hab ich dich ist ein „Evergreen" unter unseren Chorälen. Zu allen Zeiten wurde er gesungen. Unabhängig von Theologie und Frömmigkeitsstil wurde er geschätzt und gepriesen. Valerius Herberger (1562–1627) lobt den damals noch unbekannten Autor Martin Schalling: „Der ehrlich deutsche Mann, welcher den Gesang gemacht hat, ist lobenswürdig, daß er bald die erste Zeile aus dem Psalmen so klar und schön auf Christum hat gezogen."[2] Der Pietist Philipp Jacob Spener soll mit diesem Lied seine Sonntagabendandachten beendet haben. Christian Fürchtegott Gellert, der Aufklärer, schreibt über die 2. Strophe: „... wer kann sie ohne Bewegung, ohne daß er fühlt, wie seine Seele von Dank und Demuth durchdrungen wird, singen oder lesen? Sie ist mehr werth, als ganze Bände neuer Lieder, die kein anderes Verdienst haben, als daß sie rein sind".[3] Im 19. Jh. preist August Vilmar (1800–1868) das Lied „als den Kern der Kernlieder".[4] Der Schweizer Theodor Bruppacher resümiert 1953: „Für dieses unvergleich-

[2] Koch VIII, 265.

[3] KLL (1878–1886) I, 289.

[4] Nelle (³1924/1962), 171.

liche Lied ist kein Lob zuviel".[5] Und in der Liederkunde zum EKG schwärmt Hartwig Drude 1990: „Wer für den Wert des Kirchenliedes eintreten oder gar einen Beweis führen müßte, würde sich M. Schallings unvergleichliche 3 Strophen nur zum eigenen Schaden entgehen lassen. Ihre lautere Innigkeit in der Haltung und in jedem Wort sowie ihre unwiderstehliche Überzeugungskraft suchen ihresgleichen und vermögen selbst hartnäckige Zweifler zu überzeugen."[6] Auch der Engländer Vincent A. Lenti würdigt Schallings Lied 1999 als „one of the classic Lutheran hymns".[7] Vor allem aber hat Johann Sebastian Bach das Lied geadelt, als er die 3. Strophe zum Schlusschoral seiner Johannespassion auserkor. Weniger bekannt ist, dass auch Heinrich Schütz in seiner Geistlichen Chormusik von 1648 eine 6-stimmige Motette zu *Herzlich lieb* vorgelegt hat (SWV 387).

Das Lied trägt Züge eines geistlichen Liebesliedes. Davon zeugt schon der Beginn: *Herzlich lieb hab ich dich*. Es ist der Gestus der Liebe, dass der oder die Liebende bereit ist, für den geliebten Menschen alles einzutauschen (*Die ganze Welt erfreut mich nicht, / nach Erd und Himmel frag ich nicht, / wenn ich nur dich kann haben*). Auch die Diminutive *Engelein*, *Seelelein* (im Original), *Schlafkämmerlein* sprechen die Sprache der Liebe. Diese Nähe zum Liebeslied, die offenbar auch viele Gesangbuchherausgeber empfunden haben, welche das Lied in die Rubriken „Liebe zu Gott / zu Jesus" eingeordnet haben, und die doch die Grenze zum Sentimentalen nie überschreitet, dürfte Gebrauch und Beliebtheit dieses Gesanges durch die Jahrhunderte wesentlich mitgefördert haben, ebenso die vor Paul Gerhardt einzigartige Mischung aus Bibelgebundenheit, theologischer Substanz bzw. Rechtgläubigkeit und existentieller Bedeutsamkeit, verbunden mit einer wahrhaft großen Melodie.

Das Lied, von dem sogar ein Autograph existiert, das Matthias Simon 1954 im landeskirchlichen Archiv in Nürnberg entdeckte,[8] entstand 1569 unter nicht restlos geklärten Umständen. Schalling hatte bei Philipp Melanchthon, dessen Anhänger er zeitlebens blieb, in Wittenberg studiert. Wie viele andere Theologen des 16. Jh. geriet er immer wieder zwischen die Fronten der konfessionellen Auseinandersetzungen von Lutheranern und Reformierten wie auch zwischen innerlutherische Fronten. Simon vermutet, dass *Herzlich lieb hab ich dich, o Herr* in der Karwoche 1569 entstand. Schalling war damals Stadtpfarrer in Amberg. Am Dienstag vor Ostern, dem 5.4.1569, wurde er ultimativ aufgefordert, die Stadt zu verlassen. Er floh zu Pfalzgraf Reichard,[9] dem lutherischen Bruder des calvinistischen Kurfürsten von Bayern, Friedrich III. Am Ostersonntag 1569 hielt er in Tirschenreuth, dem Wohnsitz des Pfalzgrafen, die Osterpredigt, deren Manuskript mit unserem als „Gebett" bezeichneten Lied schließt. Simon nimmt an, dass Schalling das Lied „im Augenblick der Landesverweisung" oder „während Schallings Fahrt mit Weib und Kind in die Verbannung" geschrieben und es im Anschluss an o. g. Osterpredigt verlesen habe.[10] Allerdings weist die Datierung des Manuskripts den

[5] Bruppacher (1953), 73.

[6] HEKG III/2, 192.

[7] Lenti 1999, 21.

[8] Simon 1955, 24–34. Ein Faksimile ist abgedruckt in JLH 5/1960, Tafel VI, vor S. 153.

[9] Vgl. https://de.wikipedia.org/wiki/Reichard_(Pfalz-Simmern-Sponheim) (20.7.2019).

[10] Vgl. Sommer 1960, 155. Dagegen meint Zeller 1985, 157, Schalling habe das Lied erst nach Ostern 1569 geschrieben.

2.7.1569 aus, so dass man heute sicher nur sagen kann, dass das Lied irgendwann zwischen dem 5. April und dem 2. Juli 1569 gedichtet wurde.

Wie schon von Herberger entdeckt, bezieht sich Schalling in der Kopfstrophe auf den Psalter, den er christologisch liest, namentlich auf Ps 18 und 73. Die historische Selbsteinordnung von Ps 18 in V. 1 (David auf der Flucht vor Saul, vgl. 1. Sam 19–26) könnte die Vermutung befördert haben, Schalling habe das Lied auf der Flucht gedichtet. Mit dem Incipit zitiert der Autor Ps 18,2. Zeile 2 nimmt Worte aus Ps 22,20 oder 71,12 auf. Das stabreimende, für die Reformatoren grundlegende Wortpaar Güte und Gnade begegnet als *von Gnad und lauter Güte* auch in Speratus' *Es ist das Heil uns kommen her* (EG 342,1) und als *Gnad und Güte* in Johann Walters *Wach auf, wach auf, du deutsches Land* (EG 145,3). Mit dem Bild vom zerbrechenden Herzen nimmt Schalling auf Ps 34,19 (vgl. auch Ps 147,3; Jes 61,1) Bezug. Sauer-Geppert hebt hervor, dass es sich dabei nicht um den leiblichen Tod handeln muss: „Es klingt doch wohl mit, daß es ein Zerbrechen des Herzens gibt, ohne daß der leibliche Tod einträte. Hier erscheint das Herz als der Sitz des Fühlens, das übergroßen Schmerz nicht zu ertragen vermag, sondern dadurch vernichtet wird. Darüber hinaus ist das Herz die Mitte der Person [...], das Wesen des Menschen in seiner innersten Tiefe: Wenn alle Dinge dieser Welt sich von ihm abkehren, wenn auch die Seligkeit des Himmels sich seiner Hoffnung verschließt, so bleibt doch – wider alle Erfahrung – das Vertrauen auf Christus."[11] Die Zeilen 5 und 6 zitieren in umgekehrter Reihenfolge Ps 73,26. Eine ähnliche Umkehrung findet in Zeile 9 statt (*Teil* und *Trost* statt *Trost* und *Teil*). Erst Zeile 10 enthüllt, wen der Autor mit *Herr* meint. Die christologische Lesart der Psalmverse erfährt durch das sich anschließende Thomas-Bekenntnis (Joh 20,28) Bestätigung. Mit der letzten Zeile nimmt Schalling wörtlich Bezug auf den Schluss von Luthers *Te Deum* (vgl. EG 191), doch auch hier stehen Psalmverse im Hintergrund (Ps 31,2.18). Die Erlösung durch Christi Blut am Kreuz (vgl. Kol 1,20) findet sich ebenfalls in Luthers Verdeutschung des Te Deum (*die mit deim teu'rn Blut erlöset sein*) sowie in seiner Strophe *Das helf uns Christus* (EG 520,7: *der uns durch sein Blut hat erlöst*). Ursprünglich hieß es bei Schalling noch direkter: *der mich durch dein Blut hast erlöst.*[12]

Dass der Mensch – wie in der 2. Strophe – dichotomisch als *Leib und Seele* verstanden wird, kennen wir aus dem Psalter (vgl. Ps 73,26; 84,3) und von Luther, etwa aus dem Kleinen Katechismus (BSELK, S. 870, 890, 892) oder aus seinem Glaubenslied (EG 183,1). Bilden Leib und Seele beim irdischen Menschen eine Einheit, so erwarten sie im Augenblick des Todes sehr unterschiedliche Zustände (s. u.). Das Wortpaar *G'schenk und Gab* ist nicht einfach nur ein Pleonasmus, vielmehr wird angedeutet, dass mit der Gabe eine Aufgabe verbunden ist, wie es Luther im Kleinen Katechismus in der Erklärung des 1. Artikels ausführt. Mit *diesem armen Leben* (vgl. auch Großer Katechismus, BSELK, S. 1098) ist nicht ein Leben in Armut oder eine Herabsetzung des irdischen Lebens gemeint, sondern die Unterscheidung von der Herrlichkeit des ewigen Lebens. In den Zeilen 4 bis 6 beschreibt Schalling Sinn und rechten Brauch des Chris-

[11] Waltraut-Ingeborg Sauer-Geppert, Sprache und Frömmigkeit im deutschen Kirchenlied, Kassel 1984, 99.

[12] Faksimile (wie Anm. 8).

tenlebens: zum Lob Gottes sowie *zu Nutz und Dienst des Nächsten* (vgl. auch EG 343,1). Die im 16. Jh. weitverbreitete Angst vor falscher Lehre und die Warnung davor, die wir auch in Schallings Osterpredigt haben („Wir sollen vnß vor aller falschen Lehre hüten“),[13] findet sich in poetischer Form auch in Luthers Vaterunser-Lied (EG 344,2), die Bitte um Schutz vor Teufels *Trug und Mord* u. a. bei Schallings Lehrer Melanchthon in dessen Lied *Ach bleib bei uns, Herr Jesu Christ* (EG 246,4). Der Ausdruck *in allem Kreuz erhalte mich, / auf dass ich's trag geduldiglich* meint die Bitte um Stärkung und Ausdauer im Leiden, vgl. EG 79,3 (*dass wir im Kreuz geduldig sein*). Die Strophe schließt wiederum mit dem Thomas-Bekenntnis, diesmal wörtlich nach Joh 20,28: *mein Herr und Gott.* Zum wiederholten Male tauscht Schalling die Reihenfolge von Wortpaaren. Erst der Fund des Autographs 1954 hat den abweichenden Schluss wieder ans Licht gebracht (vgl. noch Wackernagel IV, 1174). Anders als in der ersten Strophe geht es in der letzten Verszeile (*tröst mir mein Herz in Todesnot*) nun wirklich um den erbetenen Trost Christi in der Todesstunde.

Die vor allem durch J. S. Bach berühmt gewordene dritte Strophe nimmt Bezug auf die Geschichte vom reichen Mann und armen Lazarus (Lk 16,19–30). Andreas Marti hat an das spätmittelalterliche Bildmotiv des Tragetuches erinnert, mit dem die Engel die Seele in den Himmel tragen.[14] Wie im zeitgleich entstandenen Lied *Von Gott will ich nicht lassen* (EG 365) wird das postmortale Leben der Frommen als ein Ruhen in Abrahams Schoß vorgestellt. Zwar kann auch Luther den Tod poetisch und metaphorisch als Schlaf bezeichnen, vgl. das Sterbelied *Mit Fried und Freud* (EG 519,1), doch verortet er den postmortalen Zustand nicht raumzeitlich, sondern personal und bezogen auf den ganzen Menschen.[15] Dagegen stehen bei Schalling die aus der mittelalterlichen Theologie und Frömmigkeit übernommenen divergenten Vorstellungen von der Unsterblichkeit der Seele, die auch Melanchthon vertrat,[16] und der Auferweckung der Toten

[13] Zit. nach Zeller 1985, 155. „Wann dann einen hörest, irrige Lehren von der Person Christi oder einem ampt oder vom articul der Rechtfertigung oder von der h. Tauf, Absolution und Abendmal etc., so gedenke: ‚Dieser zerstucket mir die Lehr von meinem Sündentreger und Osterlamb Christo; darumb will ich in nicht hören!“ Zit. nach Simon 1955, 31.

[14] Mit Bezug auf eine Beobachtung von Rudolf Henning in einem Referat zum Schütz-Symposium 1999 in Mistelbach bei Wien, vgl. Marti 2001, 122.

[15] Vgl. Luthers Predigt am 28.9.1533 (WA 37, 151,8–10): „ [...] wir sollen schlaffen, donec veniat [bis er kommt] und klopff an das greblin Et dicat [und sagt]: D. Martine, surge. Ibi in momento surgam und werde ewig mit jhm frolich sein‘ [‚Dr. Martin steh auf!‘ Dort, in dem Moment werde ich aufstehen]).“ Vgl. auch Luthers Begräbnisliedervorrede (1542), WA 35, S. 478–483. Dazu: Martin Luther, Geistliche Lieder. Nach dem Babstschen Gesangbuch 1545. Hg. und kommentiert von Johannes Schilling, Leipzig 2019, 108 f.

[16] Vgl. die Schrift Liber de Anima (1552) und deren letztes Kapitel: De Immortalitate Animae Humanae (!). In seinen theologischen und kirchlichen Lehrschriften (z. B. Loci communes) wird die Unsterblichkeit der Seele allerdings nicht thematisiert. – Ca. 40 Jahre später bringt Leonhard Hutter die lutherische „Normaltheologie“ auf den Punkt, vgl. sein Hauptwerk „Compendium locorum theologicorum“ (1610), krit. hg. Johann Anselm Steiger, Teilband 1, Stuttgart-Bad Cannstadt 2006: „Der leibliche Todt ist nichts anders/als eine Aufflösung der Natürlichen Vereinigung/durch welche die Seele vom Leibe gesondert wird.“ (Locus XXIX, S. 579) „Die Seele ist ein unsterblicher Geist/welcher/nachdem er vom Leibe abgeschieden ist/dennoch lebendig bleibt.“ (S. 583) Das Ruhen der gerechten Seelen in Abrahams Schoß (Lk 16,22) wird als ein Sein in Gottes Hand gedeutet (ebd. S. 585), ein Bild, das auch Luther verwendet hat, vgl. in seinem Vaterunserlied *nimm unsre Seel in deine Händ* (EG 344,8).

(vgl. z. B. CA 17; BSELK, 112 f) harmonisch nebeneinander. Das bedeutet, dass Schalling mit dem *Schlafkämmerlein*, wo der Leib *gar sanft ohn alle* [original: *einige*] *Qual und Pein* ruht (eine Spitze gegen die katholische Fegefeuervorstellung!), zumindest für den begrabenen Leib wiederum einen Zwischenzustand zwischen dem individuellen Tod und dem Jüngsten Tag einführt, den Luther im raum-zeitlichen Sinne strikt abgelehnt hatte.[17] Jedenfalls dürfen die Frommen am Jüngsten Tag sowohl die Schau Jesu Christi (visio beata: *Dass meine Augen sehen dich*) wie auch ewige Freude (gaudium aeternum: *in aller Freud*) erwarten und in den ewigen Lobpreis einstimmen (*Ich will dich preisen ewiglich*).[18] Das wird umso mehr für den Dichter selbst gelten, der am 29.12.1608 völlig erblindet stirbt.

Die Melodie zu dieser Strophe aus 98 Silben gehört zu den längsten im Kirchenlied. Und doch kann sie nicht lang genug sein. Von wem dieses in der Gestalt kleine, im Gehalt große Kunstwerk stammt, war lange unbekannt. Das im EG genannte Entstehungsjahr des Textes bezieht sich auf den ersten Druck des Liedes in der Sammlung „Kurze und sonderliche neue Symbola", Nürnberg 1571, herausgegeben von Mathias Gastritz. Wegen der Ähnlichkeit der Tenorstimme des 5-stimmigen Satzes mit der heute bekannten Melodie wurde viel über Abhängigkeiten spekuliert. Das EG nennt 1577 als Entstehungsjahr der Weise. Damals erschien in Straßburg eine Orgeltabulatur von Bernhard Schmid, deren figurierte Diskantstimme unserer Melodie ebenfalls sehr ähnlich ist. Johannes Zahn stellt dazu treffend fest: „Die Diskantstimme ist nach und nach als Hauptmelodie durchgedrungen."[19] Bezüglich des Satzes, den Schmid für die Orgel bearbeitete und dem die heutige Weise entstammt, konnte Helmut Lauterwasser im Jahre 2004 nachweisen, dass dieser erstmals 1575 in Nürnberg gedruckt wurde. Er stammt wohl von Balthasar Musculus.[20]

Formal liegt eine Barform vor, bei der der erste Abschnitt des Stollens sowie der erste Abschnitt des Abgesangs wiederholt werden, so dass folgende Form entsteht: aab aab cc'defghi. Der Text wird streng deklamiert, lediglich in der ersten und zweiten (vierten und fünften) Zeile begegnet eine kleine Ligatur, die eine sechstönige Abwärtstonleiter ermöglicht. Die Schönheit der Melodie beruht auch auf ihrem Ebenmaß. Beide Teile, die beiden Stollen und der Abgesang zählen jeweils 28 Halbe. Das jambische Versmaß wird durch die Dehnung auf der erste Silbe nur scheinbar verschleiert, ermöglicht sie doch, dass die zweite Silbe, d. h. die erste Akzentsilbe, wiederum auf einen Schlag des Grundpulses fällt.

Walter Blankenburg hat die Weise als ionisch bezeichnet,[21] unter den Kirchentonarten die Vorstufe zur modernen Dur-Tonalität. Da sich das musikalische Geschehen, vor allem im Stollen, oft unterhalb des Grundtons abspielt, kann man auch an den pla-

[17] Vgl. Luthers Schrift „Widerruf vom Fegefeuer" (1530) WA 30/II,367–390. Wenn Luther sich zum Leben nach dem Tod äußert, dann streng personalisiert. Der verstorbene Fromme ist entsprechend Offb 14,13 *selig* [...] *in dem Herrn*, ebd., S. 375 ff.

[18] Vgl. dazu Zeller 1985, 168 f.

[19] Vgl. DKL 1577[08]. Z V, 8326.

[20] Lauterwasser 2004. Vgl. auch Edition und Kommentar in DKL III/3 (s. o. Hymnologischer Nachweis).

[21] HEKG II, 2, Geschichte der Melodien des EKG, Berlin 1957, 81.

galen Modus hypoionisch denken. Dagegen dominiert im Abgesang der Rezitationston *g'* (24x). Der Tonumfang beträgt eine Oktave, ein einziges Mal, in der 12. Zeile, wird die Oberquart als Spitzenton erreicht, bezeichnenderweise auf der Silbe *Gott*. Am Ende der 10. Zeile moduliert die Weise zur – modern gesprochen – Dominanttonart und bereitet so einen heftigen Ausbruch vor, der mit einem Sextsprung beginnt und durch drei gleichsam beschwörende halbe Noten charakterisiert ist, die den emphatischen Ruf *Herr Je-su Christ* deklamieren. Lauterwasser äußert die interessante Vermutung, dass durch die halben Noten hier auch für den Leser, quasi als „Augenmusik" „die Lichtgestalt Jesu Christi [...] durch die weißen Noten von den schwarzen, die davor und danach stehen, deutlich abgehoben" werden sollte.

Die vielseitige Verwendbarkeit des Liedes hat schon J. S. Bach empfunden, indem er einzelne Liedstrophen nicht nur als Schlusschoral in der Johannespassion, sondern auch in einer Pfingst- und zwei Michaeliskantaten (wegen der *lieb Engelein*) verwendete und zwar in verschiedensten Tonarten.[22] Sie zeigt sich auch generell in der sehr unterschiedlichen Rubrizierung des Liedes.[23]

Bernhard Schmidt

[22] BWV 19 (G-Dur) und 149 (C-Dur, mit Trompeten), jeweils die 3. Strophe, Kantaten zum Michaelisfest; BWV 174 (D-Dur, 1. Strophe, 2. Pfingsttag). Der Schlusschoral der Johannespassion steht in Es-Dur. Vgl. dazu Zeller 1985, 163f.

[23] In den Gesangbüchern „Geistliches Kleinod" (Leipzig 1586, DKL 1586[08]) und Dresden (1779) steht das Lied in der Rubrik Tod und Sterben, im Freylinghausen (Nr. 904), im Porst (Nr. 332), im Herderschen Gesangbuch (Nr. 279) oder im Berliner Gesangbuch (1829, Nr. 526) in Rubriken wie „Liebe zu Gott und Christo" o. ä., im methodistischen Gesangbuch (2002) in der Rubrik „Das Lob Jesu Christi".

410 Christus, das Licht der Welt

EG 410 RG 280 EM 128

Text

Verfasser Sabine Leonhardt/Otmar Schulz[1] **Vorlage** *Christ is the world's light* (Frederick Pratt Green), erstmals gesungen in der Vale Royal Methodist Church in Turnbridge Wells, Kent im September 1968, erstmals publiziert in: Hymns and Songs 1969 (auch in: Unisono, Graz 1997) **Quelle** *Cantate Domino. Ein ökumenisches Gesangbuch, neue Ausgabe*, Kassel/Basel/Tours/London 1974, Nr. 97 **Strophenbau** s. Kommentar **Abweichungen** 2,4 lieben wir *die Brüder* * EM: Str. 3 vor 2 **Verbindung TM** wie EG

Melodie

Incipit 5__3_4_ 3_2_1__ **Vorlage** Antiphonarium Parisiense, Paris 1681; dort zum Text *Ceteri numquam nisi vagiendo* (Frost 1962, 132) **Quelle** *The English Hymnal with Tunes*, London 1906 **Besonderes** tune name *Christe sanctorum* **Ambitus** G: 8; Z: 6475 **Abweichungen** Q: mit 4st. Satz (Ralph Vaughan Williams); keine Taktvorzeichnung; kleine Terz höher; jeweils doppelte Taktstriche am Zeilenende * RG: Ton höher * EM: mit 4st. Satz (Paul Ernst Ruppel 1975/2000); Ton höher **Verbindung MT** in der Q *Father, we praise thee* * *Christus, der Welt Licht* (Friedrich Hofmann 1980), *Christ, paix du monde* (G. de Lioncourt 1972), *Kristus är världens fred* (Britt Gerda Hallqvist 1970) – alle in Unisono, Graz 1997

Literatur

HEG II, 119.196(mit Ergänzungen von Wolfgang Herbst in JLH 38 [1999], 40 [2001] und 51[2012]) ** ThustB, 356/ Nf, 333; ThustL II, 293–295 ** Meyer ([2]1997) 258–260 ** FROST, Maurice (Hg.): Historical Companion to Hymns Ancient & Modern, London **1962**, 132 * HOFMANN, Friedrich: Probleme der Liedübertragung aus dem Englischen. Dargestellt an „Christ is the world's light", MuK 50 (**1980**) 195–198 * STULKEN [3]**1987**, 260 * YOUNG, Carlton R.: Companion to the United Methodist Hymnal, Nashville/Tenn. **1993**, 276 f * GLOVER 3A (**1994**) 2 * RIEHM, Heinrich: Drei Liedbesprechungen zum Weihnachtsfestkreis. Ein Beitrag zur Einführung in das neue Evangelische Gesangbuch, in: Lothar Käser (Hg.), Wort und Klang. Festschrift für Martin Gotthard Schneider zum 65. Geburtstag, Bonn **1995**, 67 f * BRULIN, Monique: L'Antiphonier de Paris en 1681, in: Jean Duron (Hg.), Plain-chant et liturgie en France au XVIIe siècle, Versailles **1997**, 109–123 * HENKYS, Jürgen: Aus Liedtraditionen der fremdsprachigen Ökumene, in: MöllerQ **2000**, 360 f * MOR-

[1] Der Umfang der Beteiligung von Friedrich Karl Barth, der in einigen Editionen ebenfalls als Übersetzer genannt wird, ist nicht mehr zu ermitteln; vgl. Otmar Schulz bei Meyer [2]1997, 258: „Ich kannte das Lied aus den langen Jahren meines ökumenischen Engagements. Sabine Leonhardt und ich haben es bei einer Übersetzerwerkstatt, bei der auch Friedrich Karl Barth mitmachte, ins Deutsche übertragen."

GENROTH, Klaus: Liedandacht zu Christus, das Licht der Welt, in: Hartmut Handt/Armin Jetter (Hg.), Voller Freude. Liedandachten zu den Sonntagen und Festen des Kirchenjahres und zu besonderen Anlässen, München **2004**, 55–57

Christus, das Licht der Welt ist eine 1972 von Sabine Leonhardt (1919–2012) und Otmar Schulz (*1938) geschaffene deutsche Übertragung des 1968 geschriebenen und 1969 veröffentlichten Liedes *Christ is the world's light* von Frederick Pratt Green (1903–2000), einem methodistischen Pfarrer und Erneuerer des englischen Kirchenliedes im 20. Jahrhundert. Die von der Vorlage übernommene Melodie ist erstmals im Pariser Antiphonar von 1681 nachzuweisen und auch dort mit einer Christusanrufung verbunden (*Christe pastorum caput atque princeps*); in ihrer gregorianischen Vorform gehörte sie zu dem traditionell auf Rabanus Maurus (um 780–856) zurückgeführten, ins Stundengebet an Michaelis gehörenden fünfstrophigen *Christe sanctorum decus angelorum*. In England war die Melodie jedoch vor allem in Verbindung mit dem Morgengesang *Father we praise thee, now the night is over*, der Übertragung des auf Gregor den Großen (um 540–604) zurückgeführten Nachtgebets *Nocte surgentes vigilemus omnes* durch Percy Dearmer (1867–1936) bekannt und besonders durch ihre 1908 geschaffene spätromantisch-inbrünstige Harmonisierung Ralph Vaughan Williams' (1872–1958) auch populär geworden. Formal liegt die sogenannte sapphische Strophe (11+11+11+5 Silben) zugrunde, die jedoch sowohl in Greens *Christ is the world's light* als auch in Leonhardt/Schulz' Übertragung durch eine recht freie Handhabung von Silben und Ligaturen Unschärfen aufweist.

Man kann Greens Hymnus *Christ is the world's light* der Gattung des „beschreibenden Lobs" zuordnen. Die ersten drei Strophen preisen Christus in formaler Analogie als *the world's light*, *the world's peace* und *the world's life*, was zunächst jedes Mal exklusiv gestellt *he and none other* und dann knapp entfaltet wird. *Light* (Joh 8,12): *Born in our darkness, he became our brother./If we have seen him, we have seen the father* – im Blick ist vor allem, weihnachtlich, die Menschwerdung, durch die sich der Vater offenbart (Joh 1,1–18, bes. 5a; vgl. auch Joh 12,45 und 14,9; 1. Joh 4,10.19). *Peace* (Eph 2,14; vgl. Mi 5,4a): *No man can serve him and despise another*[2] */ who else unites us one in God the father?* – im Blick ist vor allem die einende, versöhnende und befriedende Wirkung Christi auf die Menschenwelt. *Life* (Joh 1,4; 14,6; 1. Joh 4,20): *Sold once for silver, murdered here, our brother./He who redeems us, reigns with God the Father* – im Blick sind hier v. a., der Passions- und Osterzeit zuzuordnen, Christi Erniedrigung und heilschaffender Tod sowie seine Erhöhung zu göttlichem Rang (Mt 26,14–16; 27,3–10; Phil 2,8–11). Jede Strophe endet mit *Glory to God on high*, worin nicht nur die Doxologie der Engel Lk 2,14, sondern vor allem ein mit genau dieser Zeile beginnendes, 1761 entstandenes und in England verbreitetes Lied von James Allen (1734–1804) nachklingt.[3] Die vierte Strophe zelebriert Green als gesteigerte Doxologie: *Give God the glory* repetieren Z. 1a, 2a und 3a. *God and none other*, variiert Z. 1b die entsprechenden Zeilen von Str. 1–3. *Spirit,*

[2] Statt *another* liest eine alternative Überlieferung *his brother*, was zwar 1. Joh 4,20 und den Strophen 1, 3 und 4 entspricht, aber den Bezug ungebührlich auf den kirchlichen Binnenraum beschränkt.

[3] hymnary.org: https://t1p.de/e5u0 (24.11.2021).

Son, and Father kehrt Z. 2b – *Father* wird als Reimwort für *other* (Z. 1b) und *brother* (Z. 3b) benötigt – die übliche trinitarische Reihenfolge um. *God with us my brother*[4] bringt mit einer Immanuel-Reminiszenz den ganzen Christushymnus auf den Punkt.

In ihrer Übertragung, die erstmals 1974 in dem ökumenischen Gesangbuch „Cantate Domino" publiziert wurde, folgen Leonhardt/Schulz Greens Christus-Hymnus in Form und Inhalt mit einer gewissen Freiheit. Die ersten drei Strophen proklamieren *Christus* als *Licht der Welt, Heil* (statt *peace*) *der Welt, Herr*n (statt *life*) *der Welt*. Statt aber durch *he and none other* (Str. 1–3, jew. Z. 1b) die Exklusivität zu markieren, folgt hier der Proklamation eine Exklamation: *Welch ein Grund zur Freude!* (Str. 1–3, jeweils Z. 1b) Die Entfaltung von *Licht der Welt* (1,1a) in der ersten Strophe entspricht der Vorlage ziemlich genau: *In unser Dunkel kam er als ein Bruder. / Wer ihm begegnet, der sieht auch den Vater* (1,2 f.). *Heil der Welt* (2,1a) wird in seiner sozialen und religiösen Wirkung stärker als in der Vorlage von Christus her erläutert: *Weil er uns lieb hat, lieben wir einander. / Er schenkt Gemeinschaft zwischen Gott und Menschen* (2,2 f.; vgl. Joh 13,34; 15,12). Schließlich verweist die Entfaltung von *Herr der Welt* (3,1a) wie die Vorlage auf den Verrat und schmachvollen Tod Jesu: *Von uns verraten, starb er ganz verlassen* (3,2), lässt aber eine ad vocem *Herr* unbedingt zu erwartende Entsprechung zu *reigns with God the Father* vermissen und begnügt sich mit recht blassem *Doch er vergab uns, und wir sind die Seinen* (3,3). Jede Strophe klingt mit der Doxologie *Ehre sei Gott, dem Herrn* aus, auch die vierte, deren doxologische Intensität wie bei Green gesteigert wird. Im Gleichklang mit *Give God the glory* hebt sie mit *Gebt Gott die Ehre* (4,1a) an, um sodann die dreimalige Exklamation *Welch ein Grund zur Freude!* (1–3,1b) in die Deklamation *Hier ist Grund zur Freude!* (4,1b) zu überführen, daraus einen trinitarisch-doxologischen Aufruf zu entwickeln: *Freut euch am Vater. / Freuet euch am Sohne. / Freut euch am Geiste* (4,2.3a) und eine das Ganze umfassende Begründung anzuhängen: *denn wir sind gerettet* (4,3b).

An der alternativen deutschen Übertragung von Greens Lied, die Friedrich Hofmann (1910–1998) im Jahr 1980 erstellte und die 1997 in das ökumenische Liederbuch „Unisono" (Nr. 104) aufgenommen wurde, ist positiv zu vermerken, dass sie sich enger an das Original hält: *Christ … the world's light, peace, life* ist gewahrt: *Christus, der Welt Licht, der Frieden, das Leben*. Die Wörtlichkeit hat aber auch ihren Preis: *Wer sonst lässt eins sein uns in Gott dem Vater* (2,2) übersetzt *Who else unites us one in God the Father* zwar präzise, aber kompliziert und hemmt so den doxologischen Fluss. Denn ein aus biblischer Sprache schöpfendes Lobpreislied ist *Christus, das Licht der Welt* wie sein englisches Vorbild. Und nicht an theologischer Differenzierung und gedanklichem Tiefgang will es gemessen werden, sondern daran, ob es hingebungsvoll aus Herz und Seele gesungen werden kann. Und das kann es.

Martin Evang

[4] Auch hier gibt es eine Textvariante: *God in man my brother.*

Die Melodie repräsentiert den sogenannten Plain-chant musical. Im 17. Jh. wurde in Frankreich ein neuer Kirchengesang als Ersatz für die gregorianischen Melodien komponiert und eingeführt, bei dem Stilmittel der Gregorianik mit solchen des zeitgenössischen weltlichen Musikstils kombiniert wurden. In der englischen Kirchenliedtradition wurden zahlreiche dieser Melodien übernommen.

Im englischen Text fehlt in der ersten Zeile die fünfte (unbetonte) Silbe, so dass zwei Akzentsilben direkt aufeinander folgen und einen „Hebungsprall" bilden: (*Christ is the world's light*). Im deutschen Text ist es nur die vierte Strophe, die in der Anfangszeile eine Silbe weniger enthält; allerdings entsteht damit kein Hebungsprall, weil die vor der Zäsur liegende Silbe (*Eh-)re* unbetont ist. Dass im ganzen Lied mehrere Zeilen statt, wie im sapphischen Maß vorgesehen, mit einer betonten mit einer unbetonten Silbe beginnen (*In unser Dunkel* ...), ist hingegen nicht ungewöhnlich und in vielen Liedern zu beobachten.

Im Rahmen der sapphischen Ordnung zeigt das Lied jedoch eine Besonderheit, indem in jeder Langzeile die Binnenzäsur nach der 5. Silbe liegt, währenddem sie sonst in der Regel zwischen dem Platz nach der 4. und der 5. Silbe schwankt. Damit wird aus der vierzeiligen faktisch eine siebenzeilige Strophe. Dies bildet sich auch in der Melodiestruktur ab. Die auf diese Weise gezählten Zeilen 1, 3, 5 und 7 stimmen unter sich rhythmisch überein, und zwar in der Nachbildung des daktylischen Versbeginns lang-kurz-kurz. Die Zeilen 2, 4 und 6 beginnen mit der Punktierungsfigur, die ebenfalls das Textmetrum abbildet.

Melodische Korrespondenzen zeigen die Anfänge der Zeilen 1, 5 und 7 in der charakteristischen Auf-ab-auf-Bewegung. Die Schlusszeile bildet dabei sowohl intervallmäßig (Quint-statt Terzfall) wie rhythmisch (Halbe statt Viertel beim 4. und 5. Ton) eine Ausweitung der Anfangszeile und erzeugt damit eine rahmenbildende Symmetrie. Auch die punktierten Anfangsfiguren der geradzahligen Zeilen stehen miteinander in Korrespondenz, zuerst aufwärts, dann abwärts, danach eine Wechselnote, die beide Bewegungen enthält.

ANDREAS MARTI

430 Gib Frieden, Herr, gib Frieden

EG 430 RG 827 (T) CG 907

Text

Verfasser Jürgen Henkys (1980) nach der niederländischen Vorlage **Vorlagen** *Geef vrede, Heer, geef vrede* (Jan Nooter 1963), in: Liedboek voor de kerken (1973), Nr. 285; Ernst Moritz Arndt, *Gib Frieden, Herr, gib Frieden, du milder Friedenshort* („Friedensgebet“ 1837)[1] **Quelle** *Potsdamer Kirche. Sonntagsblatt für evangelische Gemeinden in der Mark Brandenburg*, Nr. 51/52, 18./25. Dezember 1983, 1v **Überschrift** *Ein holländisches Friedenslied* **Strophenbau** A7/3a- A6/3b, A7/3a- A6/3b, A7/3c- A6/3d A7/3c- A6/3d vgl. Frank 8.7 **Abweichungen** 1,2 die Welt *will immer Streit*; 1,3 *was recht ist wird gemieden*; 1,4 *die Lüge macht sich breit*; 1,6 *der Stärkere* gewinnt; 4,7 *Mach uns zu deinem* Zeichen **Verbindung TM** in der Q ohne N, aber mit dem M-Vorschlag: *Ich weiß woran ich glaube* (EG 357) * in der Vorlage zur M *Ik wil mij gaan vertroosten* (Devoot ende Profitelyck Boecxken, 1539) * andere: RG 827 (zu Augsburg 1609 zu *Frischauf, ihr Musikanten*; Z III 5382)

Melodie

s. *Befiehl du deine Wege* (EG 361)

Literatur

HEG II,140–142.232 ** ThustB, 367/ Nf, 344; ThustL II, 327–329 ** Meyer [2]1997, 108 ** Henkys, Jürgen: „Da pacem, Domine, in diebus nostris“. Friede als Thema des Kirchenliedes, MuK 68 (**1998**), 160–169, bes. 164.166–168 (Nachdruck: Henkys 1999, 219–231, bes. 224.227–231)

Henkys’ Übertragung des Liedes *Geef vrede, Heer, geef vrede* von Jan Nooter gehört nicht zu dem planmäßigen Unternehmen, das zu Henkys’ 1982 erschienener Sammlung „Steig in das Boot. Neue niederländische Kirchenlieder“ führt. Deren Manuskript liegt längst beim Verlag, als der Magdeburger Pfarrer (und nachmalige Suhler Superintendent) Erhard Kretschmann (1937–2018) am 30. Juni 1980 an Henkys schreibt: „Wir wären sehr dankbar, wenn wir bis etwa 10. September eine Übertragung des niederländ. Liedes: Geef vrede, Heer, geef vrede … (Nr. 285 des Liedboek voor de kerken [1973]) von Ihnen bekommen könnten.“ Henkys, der sich durch nicht weniger als fünf Übertragungen von Liedern des Liedboek im DDR-Beiheft zum EKG „Neue Lieder“ (1978) für eine solche Aufgabe empfohlen hat, kommt der Bitte nach und antwortet Kretschmann am

[1] Ernst Moritz Arndt: Werke. Teil 1: Gedichte, Berlin u. a. 1912, 219 f. Digitalisat nach der Sammlung „Geistliche Lieder für evangelische Christen“ (Ernst Moritz Arndt), Weissensee 1895, Nr. 297: https://www.digitale-bibliothek-mv.de/viewer/image/PPN625160959/101/LOG_0035/ (25.11.2021).

8. August 1980: „Hier ist das Ergebnis meines Nachdichtungsversuchs von ‚Geef vrede'. Wie immer ging es auch hier nicht ohne einige Freiheiten ab, die sich nur aus meiner Auffassung vom Gesamtduktus des Liedes und aus sprachgestalterischen Gründen rechtfertigen lassen. Wenn Ihnen etwas schwer verständlich oder anstößig erscheinen sollte, schreiben Sie doch bitte. Das Gespräch über Texte dieser Art pflegt sehr hilfreich zu sein, und Änderungen sind nie ausgeschlossen." Kretschmann bedankt sich am 18. August 1980 und äußert sein Gefallen an der Übertragung, woraufhin Henkys am 22. August 1980 Kretschmann darum bittet, noch zwei Änderungen am Text vorzunehmen, und erklärt: „Wenn sich bei mir weitere Änderungen ergeben – und damit muß ich immer rechnen, wenn ich so ein Lied noch einmal vornehme – schreibe ich es Ihnen. Aber das soll Sie nicht hindern, den Text, wie er jetzt vorliegt, zu vervielfältigen."[2]

In dieser ersten Version, die weder durch ein Originalskript noch durch eine in Magdeburg gefertigte Kopie belegt ist, wird die Übertragung *Gib Frieden, Herr, gib Frieden* im Spätsommer oder im Herbst 1980 in der St. Michaels-Kirchengemeinde Magdeburg bei einem Besuch ihrer Partnergemeinde aus Gouda/NL erstmals gesungen worden sein. „Die Niederländer waren regelmäßig in Magdeburg zu Gast; sie haben dieses Lied wohl mitgebracht. Die Magdeburger Kirchengemeinden waren damals bereits intensiv dem Gedanken des Gebetes für den Frieden verpflichtet. So wurden u. a. sogenannte ‚Magdeburger Friedenssonntage' abgehalten. Das Lied fand auch Eingang in den ökumenischen Magdeburger Kreis ‚Frauen für den Frieden', der in den 1980er Jahren eine wichtige Rolle innerhalb der ostdeutschen Friedensbewegung innehatte."[3] Die Gemeindepartnerschaft zwischen Magdeburg und Gouda besteht noch heute.

In einem Vortrag „‚Da pacem, Domine, in diebus nostris'. Friede als Thema des Kirchenliedes" von 1998[4] erinnert Henkys an die näheren Entstehungsumstände seiner Übertragung: „Sie stammt aus dem Jahre 1980 und damit aus der Zeit der innenpolitischen Spannungen, die sich 1981/82 im Protest ‚Schwerter zu Pflugscharen' und in den staatlichen Gegenmaßnahmen zuspitzten. Im Ergebnis einer weitreichenden Initiative von holländischen Christen waren zwischen evangelischen Gemeinden in der DDR und in Holland Partnerschaften entstanden. Sie realisierten sich durch Gruppenbesuche (zunächst ausschließlich in west-östlicher Richtung), durch gemeinsam verabredete thematische Arbeit, aber auch durch Gottesdienste, die am je eigenen Ort, aber zur gleichen Zeit und mit möglichst gleichen Texten und Liedern gefeiert wurden. So gab es einen großen Bedarf an Gesängen in deutscher und niederländischer Fassung. In diesem Zusammenhang erreichte mich im Sommer 1980 eine Bitte aus Magdeburg: Es werde eine deutsche Fassung von ‚Geef vrede, Heer, geef vrede' gebraucht. Öffentlich gelesen habe ich meinen Text zum ersten Mal als Gastprediger während der Friedensdekade 1980 in Tübingen. Die erste Hektographie, hergestellt im Landesjugendpfarramt Potsdam, stammte aus der DDR-Friedensdekade des nächsten oder übernächsten Jahres."[5]

[2] Nachlass Jürgen Henkys EZA Bestand 811.

[3] So OKR i. R. Thomas Begrich, Magdeburg, per E-Mail am 30.01.2019 unter Hinweis auf einen Bericht von Almuth Berger, die seinerzeit neben Erhard Kretschmann Gemeindepfarrerin in St. Michael war.

[4] Henkys 1998. Nachdruck 1999, 219–231.

[5] Ebd. 228 f. – Die erwähnte Hektographie lag mir nicht vor.

In diesem Vortrag stellt Henkys den Dichter des niederländischen Originals, Jan Nooter, als mennonitischen, d. h. einer historischen Friedenskirche angehörigen Pfarrer vor, der durchaus explizit an das Lied *Gib Frieden, Herr, gib Frieden* von Ernst Moritz Arndt[6] angeknüpft habe, aber eigene Wege gegangen sei. Arndts Lied stehe in der lutherischen Tradition der ins EG nicht mehr aufgenommenen Zusatzstrophe von *Verleih uns Frieden gnädiglich* (nach 1. Tim 2,2; vgl. EKG 139,2), allerdings in verinnerlichender, spiritualisierender Tendenz. Nooters Lied hingegen spreche „durchweg anschaulich den heuchlerischen Umgang mit dem Recht an, den Triumph der Lüge, die Verdunkelung der Werte", und dies „trotz seiner Konkretheit" in einer „durch theologische Tiefe" ausgezeichneten Weise.[7] Hatte Henkys im Schreiben an Kretschmann erklärt, dass sich die Freiheiten seiner eigenen Übertragung „nur aus meiner Auffassung vom Gesamtduktus des Liedes und aus sprachgestalterischen Gründen rechtfertigen lassen" (s. o.), so begründet er „die Verluste an Wörtlichkeit" nun mit einer „Schärfung des situativen Profils": „Die deutsche Fassung von ‚Geef vrede, Heer, geef vrede' kann und will ihre Herkunft aus der DDR zu Beginn der achtziger Jahre nicht verleugnen."[8] Dies illustriert er durch „zwei stracks gegensätzliche Reaktionen", die das Lied bzw. seine Übertragung ausgelöst habe.

Die „sehr couragierte und überhaupt nicht angepaßte Chefredakteurin" des Sonntagsblatts „Potsdamer Kirche" Brigitte Grell, der er das Lied zum Abdruck angeboten habe, habe aus Sorge vor einem Verbot durch die staatliche Zensur auf einer Neufassung der ersten Strophe (*Recht wird durch Macht entschieden, / wer lügt, liegt obenauf*) bestanden. Wörtlich schreibt Brigitte Grell am 27. September 1983 an Henkys: „Das Lied gefällt mir sehr. Ich sehe nur Schwierigkeiten mit der ersten Strophe. Kann man sie weglassen? Oder läßt sie sich im Begleittext so verpacken, daß sie akzeptabel wird? Etwa in der Richtung, daß es sich hier um die Welterfahrung eines Holländers handelt. Ich finde das zwar nicht gerade schön, aber anders wird es nicht gehen. Meine Antwort auf Ihre Frage ist also: Wir drucken es gern, wenn Sie für Strophe 1 eine Lösung finden. Begleittext ist also unerläßlich." Handschriftlich fügt sie hinzu: „Wir brauchen das Material für die Friedensdekade bis zum 11. Oktober." Henkys notiert auf Grells Schreiben: „29.9.: Neufassung Lied [/] Kommentar".[9] Nicht schon zur Friedensdekade, sondern erst in der Weihnachtsnummer der „Potsdamer Kirche" 1983 (s. o. Text/Quelle) erschien der mit J. H. gezeichnete Beitrag „Ein holländisches Friedenslied". Der Text der ersten Strophe ist abgemildert: Die geschichtspessimistische Diagnose *die Welt nimmt schlimmen Lauf* ist durch eine deutliche Annäherung an das Original (*de wereld wil slechts strijd*) ersetzt: *die Welt will immer Streit,*[10] und das herrschaftskritische Verdikt *Recht wird durch Macht entschieden, / wer lügt, liegt obenauf* liest sich nun weniger radikal: *Was recht ist, wird gemieden, / die Lüge macht sich breit.* Im erläuternden Begleittext

[6] S. o. Text/Vorlagen und Anm. 1. Als Gemeindelied z. B. in: Schlesisches Provinzialgesangbuch Breslau 1911, Nr. 264.

[7] Wie Anm. 4, 229.

[8] Wie Anm. 4, 230.

[9] Nachlass Jürgen Henkys (wie Anm. 2).

[10] So schon Arndt (s. o. Text/Vorlage) in Str. 2,2: *Die Welt will Streit und Krieg.*

verweist Henkys auf den gattungstypischen biblischen Dualismus: „Die ‚Welt' tritt uns in der 1. Strophe ähnlich entgegen wie in den verallgemeinernden Aussagen der Bibel, insbesondere der Psalmen. Politische Differenzierungen entfallen. Um so bemerkenswerter ist, wie sich im Fortgang des Liedes die kritische Frage immer stärker auf uns selber, auf die Christen richtet. Es wird uns ein Gebet in den Mund gelegt, mit dem wir um Befreiung von unserer eigenen, weltförmigen Friedlosigkeit bitten. Nur durch eine solche Verwandlung können wir zum Zeichen für den Frieden Gottes und seine Zukunft werden." Die Kritik an den politischen Verhältnissen schützt sich durch ein Gewand christlich-kirchlicher Selbstkritik.[11]

Henkys schließt seine Erläuterungen zu dem „holländischen Friedenslied" mit einem Hinweis zur Melodie. Da das Lied in Holland nach einer hier unbekannten Melodie von 1539 gesungen werde, empfehle er unter „mehrere[n gegebenen] Ausweichmöglichkeiten … die Weise von Heinrich Schütz zu ‚Ich weiß, woran ich glaube' (EKG 278 [EG 357])" – zu einem Lied von Ernst Moritz Arndt mithin, nach dem der christliche Glaube in aller Labilität und Fallibilität von Welt und Leben seine Festigkeit allein durch Jesus Christus, an den er glaubt, gewinnt. Mit dieser Melodie bliebe Arndt, von dem sich Nooter trotz der Anknüpfung an das Initium *Gib Frieden, Herr, gib Frieden* distanziert hatte, auch in Henkys' Übertragung mit auf dem Plan. Jedoch ist für das EG mit der Zuweisung der Melodie des Vertrauens- und Trostliedes *Befiehl du deine Wege* (EG 361) eine andere Entscheidung getroffen worden.

Das Lied ist ein Gebet um den Frieden, und zwar durchaus um den *Frieden mit Gott durch unsern Herrn Jesus Christus* (Röm 5,1), der aber ausstrahlt und sich auswirkt in der *Welt* (1,2), auf der *Erde* (2,2). Biblisch klingen vor allem der Schluss des Aaronitischen Segens … *und gebe dir Frieden* (4. Mose 6,26b) und das Wort des von seinen Jüngern scheidenden Jesus *Den Frieden lasse ich euch, meinen Frieden gebe ich euch. Nicht gebe ich euch, wie die Welt gibt* … (Joh 14,27) durch, ferner *Er* (= Christus) *ist unser Friede* (Eph 2,14; vgl. Mi 5,4a *Und er wird der Friede sein*); außerdem schwingen die Schlussbitte des Agnus Dei der Messliturgie *Dona nobis pacem* und Luthers Bearbeitung der Antiphon *Da pacem, Domine* (*Verleih uns Frieden gnädiglich*, EG 421) mit. Ernst Moritz Arndt hatte in seinem Lied *Gib Frieden, Herr, gib Frieden* vor allem Joh 14,27 entfaltet und die Friedenserwartung im Kontrast zu der *Unruh … auf Erden / und Lug und Trug und List* vor allem als *Stille* vorgestellt, als einen *Paradiesesort*, an dem *die Herzen / in Lieb und Himmelslust (glühen)*.[12] Der Mennonit Nooter, hatte diese Verinnerlichung und Spiritualisierung aufgebrochen und den Frieden zum einen für die friedlose Welt – in sie hinein und nicht jenseits davon – erbeten[13] und ihn zum andern an den leidenden Christus gebunden, in dessen Kraft und Nachfolge die Christen leben können: *opdat*

[11] Die andere von Henkys mitgeteilte Reaktion auf seine Liedübertragung – neben der von Brigitte Grell – ist für ihren Entstehungszusammenhang ebenso charakteristisch. Sie stammt von dem Schöneberger Superintendenten Reinhold George, der das Lied in einer Stellungnahme der „Evangelischen Sammlung" zu einer ersten Vorläufigen Liederliste für ein neues Gesangbuch 1984 scharf ablehnt und dabei u. a. das Händefalten gegen das Hände*reichen* (vgl. 4,5) ausspielt (wie Anm. 4, 230).

[12] Text/Vorlage Str. 2,5–7 und 3,4.7–8.

[13] Dazu J. Nooter: „In jedem Fall drückt es etwas von der althergebrachten täuferischen Haltung aus: Distanz *zur* und Verantwortungsgefühl *für* ‚die Welt'", übersetzt nach Een Comp, 668.

wij zouden leven / bevrijd van angst en pijn, / de mensen blijdschap geven / en vredestichters zijn (*auf dass wir sollten leben / befreit von Angst und Pein,/ den Menschen Freude geben / und Friedensstifter sein*). Die Schlussbitte lautet hier: *Maak ons een levend teken:/ uw vrede wint de strijd* (*mach uns zu einem lebendigen Zeichen:/ dein Friede gewinnt den Streit*). Henkys spitzt den konkreten Welt- und Lebensbezug wie den Christusbezug der Vorlage auf die Situation der Kirche und der Christen in der DDR Anfang der 1980er Jahre zu – man kann auch sagen: Der Kontext, in den Henkys Nooters (und in weiterer Perspektive auch Arndts) Friedensgebet überträgt, steigert dessen politische Brisanz (was zu der beschriebenen Entschärfung nötigt) und ebenso seine paränetische Intensität: Kirche und Christen haben ihre Bindung an den leidenden Christus[14] unter den Bedingungen von Benachteiligung, Unrecht und Unwahrhaftigkeit zu bewähren: *damit wir leben könnten,/ in Ängsten und doch frei,/ und jedem Freude gönnten,/ wie feind er uns auch sei* (3,5–8). Gegen die naheliegende Versuchung, sich in einen kirchlichen Binnenraum zurückzuziehen – das biblische *trotzig und verzagt* (4,2; vgl. Jer 17,9) gewinnt hier neue Prägnanz für die Option, sich enttäuscht und ressentimentgeleitet von der Gesellschaft abzuwenden: *der Glaube spinnt sich ein. Hilf, wenn wir weichen wollen* (2,6 f.) –, ermutigt das Lied zu einer aktiven Friedenshaltung: *Gib Mut zum Händereichen,/ zur Rede, die nicht lügt,/ und mach aus uns ein Zeichen / dafür, dass Friede siegt* (4,5–8).

Martin Evang

[14] Dadurch, dass Henkys die Regelmäßigkeit der Anfangszeile aller Strophen *Gib Frieden, Herr gib Frieden* (Arndt) bzw. *Geef vrede, Heer, geef vrede* (Nooter) zugunsten der Variante *Gib Frieden, Herr, wir bitten* (Str. 2 und 3) aufgibt, gewinnt er *gelitten* als Reimwort: *Es wird so viel gelitten* (2,3) bzw. *Du hast für uns gelitten* (3,3).

448 Lobet den Herren alle, die ihn ehren (Kanon)

EG 448 EM 606

Text

Verfasser/Vorlage EG 447, Str. 1, Z. 1+4
Quelle s. u. Melodie/Quelle

Melodie

Incipit 5_87 6_5_ **Verfasser** Herbert Beuerle **Entstehung** 1967 **Vorlage** EG 447 **Quelle** *Mein Dudelsack. Sing- und Spielbuch für Kinder* (Hg. Herbert Beuerle/Doris Kusenberg), Gelnhausen/Berlin/Freiburg 1971 **Ambitus** G: 8; Z: 43b35(43b35) **Abweichung** Q: Ton höher **Verbindung MT** wie EG

Literatur

HEG II, 38 f ** ThustB, 378/Nf, 345; ThustL II, 359 f ** RößlerL ([2]2001) 989

Bei diesem Kanon handelt es sich um einen so genannten Lied- oder Intonationskanon. Der Verfasser Herbert Beuerle zitiert darin Teile aus dem im EG unmittelbar voranstehenden Lied EG 447 *Lobet den Herren / alle, die ihn ehren* (Paul Gerhardt/Johann Crüger). Im Gottesdienst kann man solche Kanons als „gesungene Orgelvorspiele" vor dem zitierten Lied einsetzen. Beuerle war ein Meister der kleinen Form und ein Spezialist auf diesem Gebiet (vgl. ganz analog EG 180.4 nach EG 179).

Bei Beuerles vierstimmigem Kanon EG 448 sind die ersten vier Takte in Text und Melodie wörtliches Zitat des Strophenbeginns von EG 447,1. Dann verwendet Beuerle den Schlusssatz der Gerhardt-Strophe. Dort steht am Ende ein Ausrufezeichen. Beuerle zieht es ans Ende des ersten Zitats vor und ersetzt es am Ende des Kanons durch ein dreimaliges *Lobet.* Wie bei Gerhardt ist der Schluss ein Rückgriff auf den Beginn – bei Beuerle allerdings mit einer Variation und einer neuen Tonfolge.

Im Gegensatz zur Crüger-Melodie, die in EG 447 nach *alle, die ihn ehren* nach oben steigt, bringt Beuerle im Anschluss den tiefen Grundton *c'* – und zwar in jedem der folgenden vier Takte. Dadurch bekommt die Aufforderung *Lobet den Herrn* etwas Insistierendes. Durch die Synkope auf *-bet* im vorletzten Takt wird dieser Eindruck verstärkt.

Im Gegensatz zu den ersten beiden Zeilen, bei denen sich der Melodieumfang von einer Quart zu einer Terz verengt, beginnt Beuerle die dritte Zeile mit einem Terzumfang und erweitert ihn in der vierten zum Ambitus einer Quinte. Dabei beschleunigt sich die Melodie, bevor sie sich auf einem dreimaligen Grundton *c'* beruhigt und ausschwingt. Auch das hat noch einmal eine bekräftigende Wirkung. Was sowohl den Umfang als auch die tiefere Lage betrifft, entsteht hier ein Gegengewicht zu den ersten beiden Melodieabschnitten. Das macht den ganzen Kanon rund und in sich geschlossen. Die Schlussnote, übrigens der längste Ton im Kanon, nennt dann auch wieder den Adressaten des Lobes: *den Herrn.*

Im Gottesdienst kann ein Chor diesen Kanon vortragen oder mit der ganzen Gemeinde singen. Auch eine Vereinfachung ist möglich: Dann wiederholt die Gemeinde immer nur die ersten beiden Kanonteile, also das direkte Zitat aus EG 447, und der Chor singt dazu den Kanon in seinem ganzen Ablauf. Der Umfang bleibt innerhalb einer Oktave; die Harmonik ist einfach, sie gleicht einer plagalen Kadenz C-C-F-C. Weil die ersten vier Takte als Beginn des Paul-Gerhardt-Liedes bekannt sind, lässt sich der Kanon schnell erlernen.

Thomas Schmidt

449 Die güldne Sonne, voll Freud und Wonne

EG 449(ö) RG 571(ö) CG 306(ö) EM 603(ö)

Text

Verfasser Paul Gerhardt **Vorlage** Johann Arndt, Morgensegen[1] und Auslegung[2] **Quelle** *Das Dritte Dutzet Geistlicher Andacht=Lieder Herrn PAUL GERHARDS* (Johann Georg Ebeling), Frankfurt/Oder 1666[3] (DKL 1666^{03}–^{04}/1667^{05}; Faks. [Hg. Friedhelm Kemp], Bern/München 1975; Mikrofilm-Ausgabe: New Haven 1969) **Überschrift** *J. G.E. Morgen=Segen. XXV. Jn nachfolgender Melodey zu singen* **Ausgabe** FT III,478 **Strophenbau** 5/2a- A5/2a- 5/2b- A5/2b- 10/4c 5/2d- A6/2d- 5/2e- A6/2e- 10/4c **Abweichungen** 5,7 *Lucifers* Bande; 7,10 *Erschöpffung* gewest; 11,10 *zu sehre* betrübt; 12,8 *Hab ich zu warten* * RG: 3,8–10 *vor ihn zu treten / mit Danken und Beten / das ist ein Opfer, dran er sich* ergötzt; 5,7 *der Finsternis* Bande; 7,5 *die Lüfte* des Todes *dreinwehn*; 7,10 was sie *gewesen vor ihrem Bestehn*; 9,5 sein *ferne gewandt*; ohne Str. 10 und 11; 12,8 *darf ich* erwarten * EM: 5,7 *der Finsternis* Bande; 7,5 *die Lüfte* des Todes *drein wehn*; 7,6 Alles in *allem*; 7,10 was sie *gewesen vor ihrem Bestehn*; ohne Str. 9 und 11; 12,8 *darf ich* erwarten * CG: 3,8–10 *vor ihn zu treten / mit Danken und Beten / das ist ein Opfer, dran er sich* ergötzt; ohne Str. 5, 6, 7, 9, 10, 11; 12,5 *Sonne erwünschtes* Gesicht; 12,8 *darf* ich **Verbindung TM** wie EG * weitere: Z IV,8014 (Jakob Hintze, Faks. in Wenzel 2007, 195, ediert unter https://iah-hymnologie.de/de/2017/11/01/bd-46-aufsatz-von-mechthild-wenzel-melodien-jacob-hintzes-zu-texten-von-paul-gerhardt-notenwiedergaben/), Z IV, 8014–8022 (1708–1876)

Melodie

Incipit 5_5_6_ 5_.43_ 5_4_2_ 3_.21_ **Verfasser** Johann Georg Ebeling **Quelle** s. o. Textquelle **Ausgaben** Z IV,8013; Johann Georg Ebeling, Zwölf geistliche Lieder Paul Gerhardts für vierstimmigen gemischten Chor, zwei Violinen und Generalbaß (Hg. Konrad Ameln), Kassel 1956 **Ambitus** G: 9; Z: 656b856b **Abweichungen** Taktvorschrift: 3/2, aber keine Taktstriche; Ton höher; Z. 3, N 10 punktierte Halbe (ohne Pause); Z. 4 und 5, je letzte Note: Halbe (ohne Pause) * RG/CG: 6/4-Takt; mit 4st. S nach J. G. Ebeling; Z. 3, N 10: punktierte Halbe (ohne Pause); Z. 4 und 5, je letzte Note: Halbe (ohne Pause) * EM: 6/4-Takt; mit 4st. S nach J. G. Ebeling **Verbindung MT** wie EG

Literatur

HEKG (Nr. 346) I/2, 502–504; III/2, 432–434; Sb, 533 f; HEG II, 79 f.110–112 ** ThustB, 378 f/Nf, 355 f; ThustL II, 360–364 ** Bruppacher (1953) 87–89 ** Fornaçon, Siegfried: Zu Paul Gerhardt's Liedern, JLH 4 (**1958/59**), 119–121 * Henkys, Jürgen:

[1] In: Johann Arndt, Paradiesgärtlein voller christlicher Tugenden, Magdeburg 1612. Teil II, 49.

[2] Ders., Das Vierdte Buch vom wahren Christenthumb, Magdeburg 1610, Kap. 1 „Vom ersten Tagwerk GOttes, dem Lichte".

[3] Digitalisat Bayerische Staatsbibliothek München: https://t1p.de/341s (25.11.2021).

Die güldne Sonne. Hymnologische Auskünfte und Überlegungen im Vorfeld einer Liedkatechese, in: Die Christenlehre 29 (**1976**), 252–259 (Wiederabdruck in Henkys 1999, 120–133) * Schönborn, Hans-Bernhard: Paul Gerhardt und seine Lieder in der Tradition des „locus amoenus“, JLH 21 (**1977**), 155–161 (bes. 158) * Schönborn, Hans-Bernhard: Lieder Paul Gerhardts in den heute gebräuchlichen Gesangbüchern, JLH 24 (**1980**), 113–123 * Eulenberger, Klaus: Die güldne Sonne, in: Horst Nitschke (Hg.), Aus dem Gesangbuch gepredigt: Predigten. Meditationen. Gottesdienste, Gütersloh **1981**, 110–116 * Sauer-Geppert **1984**, 49 * Hillenbrand, Rainer: Paul Gerhardts deutsche Gedichte. Rhetorische und poetische Gestaltungsmittel zwischen traditioneller Gattungsbindung und barocker Modernität, Frankfurt/M. **1992**, passim * Lähnemann, Liedpredigten. Mit Kunstwerken von Rika Unger, Nürnberg **1996**, 3–10 * Marti, Andreas: Weg und Raum als Metaphern von Liturgie und Gemeindegesang, JLH 39 (**2000**), 179–190 (bes. 184f) * Bunners **2006**, bes. 158f.197f.261f * Liebig, Elke: Imitatio in der Musik zur Zeit Paul Gerhardts, in: Winfried Böttler (Hg.), Paul Gerhardt. Erinnerung und Gegenwart. Beiträge zu Leben, Werk und Wirkung, Berlin **2006**, 89–120 (bes. 100) * Feldtkeller, Elisabeth: Lieder Paul Gerhardts im geistlichen Tanz, in: Winfried Böttler (Hg.): Paul Gerhardt in Kirche, Kultur und Lebensalltag. Beispiele für die Praxis, Berlin **2007**, 43–61 (bes. 57f) * Finke, Christian: Paul Gerhardt vertont. Eine unvollständige Übersicht über mehrstimmige Fassungen und Kanons seiner Lieder, in: Winfried Böttler (Hg.): Paul Gerhardt in Kirche, Kultur und Lebensalltag. Beispiele für die Praxis, Berlin **2007**, 157–171 (bes. 160) * Henkys, Jürgen: Paul Gerhardts Morgenlieder, in: Hans-Joachim Beeskow (Hg.), „Auf rechten guten Wegen“. Beiträge zu Leben, Werk und Wirkungen von Paul Gerhardt (1607–1676), Berlin/Basel ²**2007**, 25–28 * Rödding, Gerhard: Warum sollt ich mich denn grämen? Paul Gerhardt – Leben und Dichten in dunkler Zeit, Neukirchen-Vluyn 2006, ²**2007**, 143–146 * Wenzel, Mechthild: ... unanständige Melodien heraußgelassen ... Die Editio XXIV der Praxis pietatis melica, Berlin 1690, von Johann Crüger und Jacob Hintze, JLH 46 (**2007**), 190–213 * Walter, Meinrad: „Sing, bet und geh auf Gottes Wegen ...“ 40 neue und bekannte geistliche Lieder erschlossen, Freiburg/Basel/Wien **2013**, 15–18

Das „Morgenlied aller Morgenlieder“[4] steht erstmals 1666 mit der Überschrift „Morgen=Segen“ im dritten Dutzend der zehnteiligen Gerhardt-Gesamtausgabe Johann Georg Ebelings. In der Regel nennt Ebeling dabei eine vorhandene Melodie, nach der ein Lied gesungen wird, und setzt erst dann seine eigene mit der Bemerkung „oder wie folget“ dazu. Bei *Die güldne Sonne* jedoch schreibt er gleich: „In nachfolgender Melodey.“ Das Lied kommt in den zeitgleichen Auflagen 10 bis 12 der Praxis Pietatis Melica zwischen 1661 und 1666 nicht vor, also ist Ebelings Gerhardt-Gesamtausgabe der Erstdruck, die Melodie eigens dafür geschaffen. Möglicherweise entstand der Text sogar für die Gesamtausgabe. Es ist die Zeit der Amtsenthebung Paul Gerhardts in Berlin. Wenn es stimmt, dass er nach seinem Umzug nach Lübben 1669 keine Lieder mehr geschrieben hat, gehört *Die güldne Sonne* zu seinen letzten Liedern. Unter seinen drei Morgenliedern (EG 336, 447, 449) ist es das ausführlichste und tiefgründigste, Nelle nennt es von den Liedern Gerhardts überhaupt „das umfassendste von allen“.[5]

[4] Rudolf Alexander Schröder, Dichtung und Dichter der Kirche, Witten/Berlin 1964, 67.

[5] Wilhelm Nelle, Geschichte des deutschen evangelischen Kirchenliedes, Leipzig/Hamburg ³1928, 153.

Das Lied hat „eine der schwierigsten und differenziertesten Strophenformen Gerhardts".[6] Er entwickelt sie durch Silbenerweiterung an zwei Stellen aus dem 1665 erstmals gedruckten Liebeslied Adam Kriegers „Hör, meine Schöne"[7] und verwendet sie wie etliche seiner insgesamt 57 verschiedenen Strophenformen nur ein einziges Mal, ein metrisches Experiment also.[8] Die dem Text nach zehnzeilige Strophe mit acht Kurzzeilen wird mit der Melodie zu einer sechszeiligen Strophe, die vier Langzeilen mit Binnenreim enthält.[9] Ebeling erinnert noch an die Zehnzeiligkeit, wenn er die Kurzzeilen im Druckbild durch einen auffallenden Abstand voneinander trennt. In allen Strophen außer der zweiten beginnt die 2. Hälfte mit einem neuen Satz.

Auch der Wechsel der Versfüße ist nicht leicht überschaubar. Manche Strophen beginnen jambisch (Str. 1, 2, 5, 6), andere daktylisch (Str. 4, 8 u. a.). Die bei Gerhardt seltenen Daktylen nehmen im Strophenverlauf aber zu, es geht hin und her, bis die Schlusszeile „die Daktylen ungebremst strömen lässt".[10] Im Changieren von Jambus und Daktylus bricht sich in jeder Strophe von neuem das *herzerquickende Licht* aus Str. 1 auch im Sprachfluss Bahn. Es gibt den Inhalt nicht ohne seine ihm entsprechende Form.

Die Anlage der zwölf Strophen erlaubt mehrere sich überlagernde Gliederungsansätze, wobei keine der Möglichkeiten sich vollständig durchzieht: In den zwei Hälften Str. 1–6 und 7–12 werden Morgenliedmotive mit der Besinnung auf die Endlichkeit allen Lebens konfrontiert, auch wenn sich das Thema Sterblichkeit in den „Grenzen" der 1. Strophe und im Blick auf den Himmel als Ziel der Frommen nach dem Sterben in der Strophe 2 bereits ankündigt. – Von den letzten vier Strophen aus legt sich eine Gliederung in drei Strophenquartette nahe. Strophe 9–11 sind als Gebet verbunden und werden mit der auf Strophe 1 rekurrierenden Strophe 12 abgeschlossen. Die Strophengruppe 5–8 nimmt den Tag unter Gottes Gebot und im Wissen um den Fragmentcharakter allen Lebens angesichts von Gottes Unwandelbarkeit in den Blick. – Schließlich verklammert Gerhardt in den meisten Strophenpaaren jeweils ein Motiv, s. Einzelbesprechung der Strophen. Wie immer man gliedert, das Lied zeigt der singenden Person einen Sprachweg, der Bausteine und Sprachbrocken bereithält, aus denen im Nachsprechen und -singen eine eigene Glaubenshaltung und -erfahrung werden kann. Das Morgenlied ist der klassische Ort des Schöpfungslobs.[11] Wer das Lied mit vom Himmel ausgehendem Erdenblick singt, lobt Gott, den Schöpfer, dankt ihm für Fürsorge und Bewahrung, bittet ihn angesichts der eigenen Endlichkeit um gute Führung durch den Tag und stellt den umgrenzten Tag unter die Perspektive des ewigen Lebens.[12]

Gerhardt eröffnet Strophe 1 mit dem zeitgenössisch gängigen Motiv der *güldne[n] Sonne* mit darauf gereimter *Wonne*, wie *Die güldene Sonne bringt Leben und Wonne* des Philipp von Zesen von 1641 (EG 444) und Matthäus Apelles von Löwensterns 23-stro-

[6] Hillenbrand 1992, 59.

[7] Siegfried Fornaçon, Zu Paul Gerhardts Liedern, JLH 4 (1958/59), Kassel 1959, 120.

[8] Vgl. Hillenbrand 1992, 61.126.

[9] Vgl. Hillenbrand 1992, 17.59–60.

[10] Hillenbrand 1992, 60.

[11] Vgl. Oswald Bayer, Schöpfung als Anrede. Zu einer Hermeneutik der Schöpfung, Tübingen 1986, 109.

[12] Vgl. Marti 2000, 184f.

phiges Lied *Ich sehe mit Wonne die güldene Sonne*[13] von 1644 zeigen. Anagrammatisch enthält *Die güldne Sonne* in anderer Anordnung der jeweiligen Anfangsbuchstaben „Soli Deo Gloria", im Barock kein Zufall, ebenso bei … *der Sonnen gewünschtes Gesicht* … in Str. 12. Über's ganze Lied verteilt finden sich Alliterationen, die in Str. 1 mit *Grenzen – Glänzen; liebliches Licht* beginnen.

Mit der *Sonne* ist bei Gerhardt das traditionelle Christussymbol (Ps 84,12; Mal 3,20; Offb 21,23), im Bild also die „Sache", zur Stelle.[14] Menschliche Wahrnehmung stößt an Grenzen, nicht nur in der Nacht, aber diese Grenzen werden generell durchlässig für den Wirklichkeitsüberschuss, den das Auge des Glaubens *schauet*. Der klassische biblische Beleg dafür ist die „herausgehende Sonne" in dem mit traditioneller Selbstverständlichkeit als Christuspsalm gelesenen 19. Psalm, vor allem die Verse 5–6.[15] Auch Jes 40,26 lenkt den Blick zum Himmel, wo der Glaube mehr sieht, als Astronomen beschreiben können. So ist der Beginn des Tages die Zeit dafür, an der Wahrnehmung äußerer Grenzen Glauben zu üben. Die in ihrem Bedeutungsgehalt changierende Sonne wirft auf unsere (Wahrnehmungs- und Lebens-)*Grenzen mit ihrem Glänzen* ein *Licht*, das erlaubt, auf *herzerquickende* Weise hinter diese Grenzen zu schauen, *herzerquickend* könnte eine Sprachschöpfung Gerhardts sein. Der Ausdruck *liebliches Licht* nimmt Pred 11,7 auf, vgl. EG 83,5. „Glanz" steht in der mystischen Tradition synonym für die göttliche Entäußerung und Emanation in die Welt, im Christentum ist er Chiffre für Christus, Gottes Entäußerung mit Inkarnation samt Sterben, Tod und Auferstehung. Im Glanz der Sonne kristallisiert sich also symbolisch der ganze den Menschen eröffnete Heilsweg. Mit alledem ist *Die güldne Sonne* viel mehr als ein Naturlied. Die *Sonne* beleuchtet Wahrnehmungs- wie Lebensgrenzen. Die Wendung *voll Freud und Wonne* speist sich aus Jes 35,10. Der Blick wird nicht auf die erwachende Umgebung, auf die anstehende Arbeit des Tages,[16] sondern empor zum *Himmel* gerichtet. Wenn sich die Sängerin in dieser Perspektive *munter und fröhlich* vom Nachtlager erhebt, liegt auch im morgendlichen Aufstehen etwas von Auferstehen.[17] Entsprechend hebt sie auch die Augen und richtet alle Sinne, auch den inneren Blick zum Himmel. „Sursum corda" – empor die Herzen, vgl. Str. 5! Der „Morgen=Segen" ist gleichzeitig Schöpfungsgedächtnis[18] und Auferstehungsvorwegnahme. Gerhardt bedient sich dazu einiger Motive aus dem ausführlichen „Morgensegen" Johann Arndts in dessen „Paradiesgärtlein" (Teil I, Nr. 49) und einer Auslegung der Schöpfungsgeschichte in den „Büchern vom wahren Christentum".[19]

Str. 2 bringt den nach oben blickenden Sänger zunächst zum Bekenntnis der Schöpfermacht Gottes und weitet den Blick grenzüberwindend auf das Ziel allen frommen

[13] FT I,394. „Sonne" und „Wonne" werden auch andernorts gern gereimt, z. B. EG 34.

[14] S. z. B. EG 11,10; 351,13; 477,2.

[15] Vgl. z. B. EG 4,2; 36,2.

[16] Vgl. z. B. EG 437,4.

[17] In Hermann Hesses „Glasperlenspiel" bricht Josef Knecht „Mein Haupt und Glieder…, aber nun steh ich…" vor sich hinsagend auf seine alten Tage auf in die neue, selbstbestimmte Einsamkeit. Hermann Hesse, Das Glasperlenspiel. Versuch einer Lebensbeschreibung des Magister Ludi Josef Knecht, Frankfurt 2002, 418; vgl. Christian Bunners, Paul Gerhardt, Göttingen 2006, 279.

[18] Vgl. EG 162,1.3.

[19] S. o. Text/Vorlagen. – Vgl. Kurt Ihlenfeld, Huldigung für Paul Gerhardt, Berlin ^{2}1957, 166–170.

Lebens, den Himmel. Zu Beginn des Tages ein memento mori, *mit Frieden* lässt Simeons Lobgesang anklingen (Lk 2,29). Das schon zu Gerhardts Zeiten archaisierende *von hinnen* meint: weg von hier. Im Sprachklang beginnt eine sich durch mehrere Strophen ziehende Polarität aus A und O, hintergründig christologisch zu hören, *Ich bin das A und das O* (Offb 1,8): *Auge … schauet … Gott … Frommen dann sollen hinkommen … wann … Schoß …*, Str. 4: *Abend und Morgen … Sorgen …*, Str. 5: *ohn allen Anstoß …*, Str. 6: *… ohn alles …*, Strophe 8: *Alles … Gott aber … ohn alles Wanken …*

Nach dem „Ich" der Strophen 1 und 2 gehören die Strophen 3 und 4 im Wir-Modus zusammen. Die Vokabel *singen* klärt einmal mehr, dass Gerhardt nicht nur Gedichte, sondern Lieder schreibt. Bei ihm wird das geistliche Singen, anknüpfend an die alttestamentlichen Abend- und Morgenopfer (Ex 29,38–41; vgl. Num 28,3–8) überhaupt zum Opferhandeln.[20] Schon im Judentum gelten Abend- und Morgengebet als Ersatz für die nicht mehr möglichen Tempelopfer (vgl. Ps 50,14; 51,17–18). In einseitiger Gewichtung der reformatorischen Rechtfertigungslehre mit der kategorischen Ablehnung jeglicher Art von Opfer gerät im Protestantismus aus dem Blick, dass wir Gott zu bringen haben, was biblisch Lobopfer genannt wird (Hebr 13,15), und den Alltag ebenso kultisch aufzufassen: d. h. dem Nächsten Gutes zu tun als Opfer zu verstehen, die Gott gebietet (Hebr 13,16; vgl. Röm 12,1). Nach evangelischer Opfer-Theologie bringen wir Gott nicht nur, was wir haben, sondern was wir sind, nicht nur den „Zehnten", sondern *alles sei Gotte zum Opfer gesetzt*, und bei Gerhardt geschieht das im Singen.[21]

In Strophe 4 thematisiert Gerhardt einmal mehr die auch in anderen Liedern[22] traktierte providentia-Lehre. Gott sorgt für seine Schöpfung (vgl. Ps 139,2–3; 1. Petr 5,7), in jüdischer Reihenfolge am *Abend und* am *Morgen*. Das Strophenpaar endet mit dem *Aufgehen* von Gottes Barmherzigkeit, biblisch klingt einiges mit: *über Böse und Gute* (Mt 5,45), *alle Morgen neu* (Klgl 3,22–23), die Sonne der Gerechtigkeit (Mal 3,20). Mit jedem Tag beginnt die Schöpfung von neuem, jeder Tag bietet von neuem alle Möglichkeiten[23] – jeder Morgen ein Reset.

Die Strophen 5 und 6 sind Morgengebet, wechseln also die Sprechrichtung. Mit der Bitte, nach den Geboten Gottes leben zu können, *ohn allen Anstoß* (vgl. Ps 91,12) und ohne Schuld auf sich zu laden, klingt en passant ein Topos aus Luthers Morgensegen an, vgl. Ps 119,10. Der himmelsorientierte Blick aus Str. 2 wird im Lauf des Strophenpaars, ohne diese Orientierung zu verlieren, auf die Erde gelenkt. *Laster und Schande, des Satanas* (im Original: *Lucifers*) *Bande, Fallen und Tücke* drohen hier (Str. 5) direkter als etwa in *Befiehl du deine Wege*, wo die Macht des Teufels gebrochen ist derart, dass von ihm nur im Konjunktiv geredet wird.[24] *… treib ferne zurücke* ist eine Anspielung an die neutestamentlichen Berichte von Jesu Dämonenaus*treib*ungen. Mit der terminatio, also der Begrenzung des Bösen durch Gott, ist ein klassischer Lehrsatz der altprotestanti-

[20] Vgl. EG 447,1.

[21] Vgl. EG 446,5.

[22] Vgl. *Befiehl du deine Wege* (EG 361).

[23] Vgl. *… dass ich alle liebe Morgen schaue neue Lieb und Güt* (EG 325,7).

[24] EG 361,5.

schen providentia-Lehre zur Stelle.[25] Die Wendung *auf deinen Geboten* taucht im 119. Psalm über zwanzigmal auf.

Die 6. Strophe enthält nach dem Vorbild von Arndts Morgensegen[26] am Beginn des 2. Teils des „Paradiesgärtlein" als pars pro toto für den Dekalog dessen 9. und 10. Gebot (Ex 20,17–18; vgl. Ps 119,36), wobei nicht nur das Verbot, des Nächsten Gut zu begehren, referiert wird, sondern nach Luthers Kleinem Katechismus mit einer Warnung vor Habgier (vgl. Spr 1,13–19; Lk 12,16–21; 16,19–31) dessen Wohlergehen in den Blick rückt, in Zeiten der Amtsenthebung ein Indiz, wie wenig Gerhardt bei aller persönlichen Sprache sich selbst zum Liedthema macht. Geiz ist Gerhardt ein so wichtiges Thema, dass er in seinem Testament seinen Sohn Friedrich ausdrücklich davor warnt.[27] Gut jesuanisch sieht er die Wurzel von Geiz und Habgier im Herzen des Menschen (vgl. Mk 7,15).

Das Strophenpaar 7 und 8 lenkt den morgendlichen Blick aus der Gebetshaltung in schroffer Gegensätzlichkeit zurück zur großen Perspektive der Lebensgrenzen und zur Betrachtung genereller Vergänglichkeit (vgl. Gen 3,19; Pred 3,20), *Himmel und Erden … müssen … werden, was sie vor ihrer Erschaffung gewest*, nämlich nichts, es bleiben nur die Worte Jesu (Mt 24,35). Das mit Jes 40,6–8 zugespitzte barocke vanitas-Gefühl kommt mit *Alles vergehet* am Beginn der 8. Strophe auf den Punkt. Im selben Reimgefüge folgt jedoch die Verheißung von Gottes ewiger Stabilität, vgl. Ps 103,14–18.[28] *Sein Wort*, von Gerhardt stabreimend durch *und Wille* erweitert, hält ewig, vgl. Jes 40,8; Mt 24,35. Gottes schöpferische Kraft verheißt allem, was vergeht, Perspektiven über diese Vergänglichkeit hinaus. Wer solcher Aussicht auf ewige Seligkeit Glauben schenkt, ist, medizinisch gesprochen, *gesund* (vgl. Mk 2,17) und schmerzfrei. Im menschlichen Herzen beginnt zwar das Böse, die Gottesferne als Sünde, deren Lohn der Tod ist (Röm 6,23a), aber die so verursachten *tödlichen Schmerzen im Herzen* sind geheilt (vgl. Jes 35,10; Off 21,4) durch *sein Heil und Gnaden*, die Gabe des ewigen Lebens (Röm 6,23b).

Die Strophen 9 und 10 gehen mit dem seltenen Gottesbild der *Krone* wieder in die Gebetshaltung. Jes 28,5 bezeichnet der Prophet mit diesem Bild Gott als Zierde der im Gericht Übriggebliebenen. Das Motiv „… wollest mich … behüten vor Sünde und allem Übel …" aus Luthers Morgensegen klingt an. An*sonsten* gilt die Providenzlehre. Im Gebet ruft der Dichter mit der Bitte um Lenkung des Lebens (vgl. 2. Sam 15,26) jenen Teil des altprotestantischen Lehrstücks von der Vorsehung Gottes auf, das bei Gerhardt „klassischen … Ausdruck"[29] gefunden hat. Die Vorsehung differenziert sich als actio externa in conservatio (Erhaltung) und gubernatio (Leitung gegenüber dem Bösen) und diese wiederum in impeditio (Hemmung), directio (Ausrichtung) und terminatio (Begrenzung).[30] Das möglicherweise von Gerhardt erfundene Wort *Beliebung* enthält

[25] Vgl. Leonhard Hutter, Compendium locorum theologicorum, Artikel 7 Frage 2; deutsch: Leonhard Hutter, Compendium locorum theologicorum ex Scriptura S. et libro Concordiae collectum. Deutsche Ausgabe. Übersetzt, eingeleitet u. hg. v. Wolfgang Schnabel, Waltrop 2000, 80.

[26] HEKG I/2, 503.

[27] S. z. B. Bunners, 2006, 302.

[28] Vgl. EG 351,10.11

[29] Karl Barth, Kirchliche Dogmatik III/3, 14.

[30] Vgl. Elke Axmacher, Paul Gerhardt. Befiehl du deine Wege. Theologische und literarische Interpretation des Textes, JLH 38 (1999), S. 197–202.223–226.

anagrammatisch den Namen Ebeling, vielleicht ein versteckter Wink, dass Gerhardt das Projekt der Gesamtausgabe seiner Lieder nicht nur in Gottes, sondern auch in Ebelings Hände legt.

In der 10. Strophe rechnet der Dichter in Anlehnung an die vierte Vaterunserbitte mit Gottes täglicher Versorgung und rühmt dafür Gott als das summum bonum in einer wiederum an Arndt angelehnten[31] verdichteten Ansammlung von Superlativen (vgl. Ex 18,11; Joh 10,29; 1. Joh 3,20), in der Umlaute ... *Größte* ... *Schönste* ... *Süßte* ... *Schätzen* ... die Vokalklänge nochmals anreichern. Woher das *heilige Wort* stammt, ist schwer sagen, es dürfte eine konzentrierte Johann Arndt-Paraphrase[32] sein.

In der 11. Strophe ist der Gebetsmodus beibehalten, mit der 12. Strophe wechselt nochmals die Sprechrichtung. Es beginnt hier ein letztes Strophenpaar, das thematisch zusammengehalten wird durch das Leiden und seine Begrenzung durch Gott, wodurch ein Gegensatz zur 10. Strophe entsteht, der aber durch die gleichlautenden Strophenanfänge von Str. 10 und 11 und das, was Gott „beliebt", in Str. 9 und 11 wieder relativiert wird.[33] Dass Gott Leiden zulässt, das Böse, das sich in ihm äußert, bildlich: den Frommen *mit Galle tränken* will (vgl. Ps 69,22; Klgl 3,19; Mt 27,34), das Leiden aber begrenzt (terminatio), ist Teil seiner gubernatio nach der altprotestantischen Providenzlehre. Gott schickt Leiden (vgl. Hiob 27,2), aber er überstrapaziert nicht (vgl. Ps 118,18; Jer 10,24; 30,11; 46,28),[34] doch die Grenze des Leids kann auch erst durch den Tod markiert sein.

Jedenfalls schließt Gerhardts Morgenlied in der 12. Strophe – die Zahl 12 ein Symbol der Vollendung – mit dem Ende von *Kreuz und Elende*. Die Doppelwörter *Meeres-Brausen und Windes-Sausen*, im Barock immer mit Bindestrich, sind Wortschöpfungen Gerhardts[35] und stehen bildlich für das durchlebte Leid. Im Ringschluss kommt der Dichter am Ende des Liedes bildlich auf Christus als die Sonne zurück. *Freude die Fülle* zitiert Ps 16,11 wörtlich. Der himmlische Garten ist auch am Beginn des Tages die bestimmende Perspektive, weil er die Sorgen und Nöte des Tages relativiert, d. h. eben dazu in Beziehung setzt. Dass Gerhardt hier nicht wie andere Dichter von der himmlischen Musik[36] sondern von *seliger Stille im himmlischen Garten* spricht, setzt die Himmelsorientierung des Liedes auch in einen bemerkenswerten Gegensatz zum Alltags- und Lebensgetöse. *Stille* steht auch vor dem biblischen Hintergrund (Ex 14,14; Ps 37,7; 46,11; 62,2.6; Jes 30,15; Mk 4,39) synonym für Gottespräsenz (vgl. 1. Kön 19,12). ... *selige Stille wird mich erwarten* ... hieß bis hinein ins EKG original: ... *hab ich zu warten* ..., d. h. zu gewärtigen. Der ursprüngliche Sinn, dass ich etwas zu (er-)warten habe und dies auch soll, ich also mit einer Haltung gefragt bin, ist nun geändert in etwas, das – etwas neutral – mich erwartet. Die 12. Strophe endet, geschmückt mit einer Überfülle von

[31] Johann Arndt, Paradiesgärtlein II, 30, 2.

[32] Vgl. Johann Arndt, Vier Bücher vom wahren Christentum Buch II, c. 30.

[33] Vgl. im EG: 11,4.6; 36,3; 324,9; 325,8–9; 361,9–10; 370,4–5.

[34] Vgl. Dietrich Bonhoeffer, Einige Glaubenssätze über das Walten Gottes in der Geschichte: „Ich glaube, dass Gott aus allem, auch aus dem Bösesten, Gutes entstehen lassen kann und will ..." In: Dietrich Bonhoeffer, Nach zehn Jahren, Dietrich Bonhoeffer Werke, Band 8,30–31, Zwischentext in manchen EG-Ausgaben (Bayern S. 670, Württemberg S. 709).

[35] Hillenbrand 1992, 37.

[36] Vgl. etwa EG 148,6.

Alliterationen im selben Reimklang wie die erste. Rudolf Günther nennt sie „die vollendetste deutsche Strophe vor Goethe".[37]

Die Gerhardts Text kongeniale Melodie Ebelings ist eine Balletto-Weise,[38] die mittels einmal rhythmisch, einmal melodisch akzentuierter Sequenzbildung die binnengereimten Zeilen der ersten Strophenhälfte wunderbar in Klang übersetzt. Sequenzen sind musikalische Reime. Gleichzeitig ist Ebelings Melodie das im Gesangbuch wohl schönste Beispiel für den barocken „Aria"-Stil, die für eine Einzelstimme konzipierte Melodie mit Generalbass, auch wenn Ebeling seine Melodien im vierstimmigen Satz notiert und auch, wenn umgekehrt sein Vorgänger Johann Crüger seine eher am älteren Kantionalsatz orientierten Melodien in der „Praxis Pietatis Melica" lediglich mit Generalbass wiedergibt. Den Aria-Typ kennzeichnen der steile Melodieverlauf, große Intervalle, periodische Gliederung durch tonal geordnete Kadenzen und deklamatorische Betonungen durch Punktierungen und Bindungen. Die Aria steht häufig im durchgehenden Dreiertakt. So egalisiert Ebeling die deklamatorischen Schwierigkeiten beim Sprechen der Strophenanfänge, jede Strophe beginnt mit einem „großen Auftakt" aus drei Vierteln,[39] ja Ebeling fasst den ganzen Text daktylisch auf.

Im Sinne der musikalischen Rhetorik des Barock bildet außerdem die Musik den Textaffekt ab, dazu in bildlich-lautmalerischem Sinn den Textinhalt, wobei dies im Strophenlied wegen der unterschiedlichen Texte auf gleichen Melodien problematisch sein kann. In unserem Fall gehen die Entsprechungen über die erste Strophe hinaus: Dem charakteristisch lautmalerischen Ab- und Aufstieg der zweiten Strophenhälfte bei … *lagen darnieder* (1,4) und *aber nun steh ich…* (1,5) entsprechen in weiteren, nicht in allen Strophen auch sinngemäß Tiefpunkte wie *Wenn wir uns legen, so ist er zugegen* (4,4), … *des Satanas Bande* (5,4), … *muss brechen und fallen* (7,4), und Höhepunkte wie … *von hinnen geschieden* (2,5), *Weihrauch und Widder* (3,5), *so lässt er aufgehen* (4,5), *treib ferne zurücke* (5,5), … *und Allergewisste* (10,5), … *im himmlischen Garten* (12,5). Von der ersten Strophe an lässt Ebeling im Satz bei … *schaue den Himmel mit meinem Gesicht…* (1,6) die Oberstimmen gleichsam „in die andere Dimension" aufsteigen.

Die unmittelbare Rezeption ist spärlich. Johann Anastasius Freylinghausen in seinem Geistreichen Gesangbuch (Halle 1704) und Johann Sebastian Bach im Schemellischen Gesangbuch (1736, dort Nr. 13) berücksichtigen das Lied, Bach mit einer anderen Melodie, die vielleicht er geschaffen hat (BWV 451). Ansonsten setzt die breitere Rezeption erst im 19. Jahrhundert ein. Dabei sind manchmal einige der charakteristischen Punktierungen beseitigt worden. Die Fassung im EG entspricht wie schon im EKG der von Ebeling geschaffenen Melodiegestalt. Beim Singen, angesichts der Tiefgründigkeit des Textes in nicht allzu schnellem Tempo, achte man mit den Tönen Ebelings auf die natürlichen Wortakzente Gerhardts.

Bernhard Leube

[37] Rudolf Günther, Paul Gerhardt in religionsgeschichtlicher Beleuchtung, MGKK 3/1907, 113.

[38] Ursprünglich ein instrumental begleitetes, lebhaftes Tanzlied im Dreiertakt.

[39] In der Quelle ist ein 3/2-Takt vorgeschrieben (s. o. Melodie/Abweichungen).

466 Segne, Herr, was deine Hand

EG 466ö RG 632ö+ KG 693ö+ CG 334ö+ EM 626ö

Text

Quelle *Wir beten zu Tisch. Handreichung zur Tischandacht in evangelischen Häusern und Heimen. Gotteswort, Tischgebet und Lied für morgens, mittags und abends auf jeden Tag der Woche* (Carl Richter), Gütersloh 1940 **Besonderes** Gebet vor Tisch am Freitagabend nach dem Bibelwort Eph 5,20 **Strophenbau** 4a/4a vgl. Frank 2.3 **Verbindung TM** ohne M

Melodie

Incipit 5_6_54345_ **Verfasser** Paul Ernst Ruppel **Entstehung** 1951 **Quelle** *Singkalender des Verlags Singende Gemeinde* Oktober 1953 **Ausgabe** Kleine Fische. Kanons und Singsprüche (Paul Ernst Ruppel), Wolfenbüttel 1964 **Ambitus** G: 8; Z: 444 **Abweichung** EM: keine Wiederholung, stattdessen im Anschluss Z. 1 und Z. 2 mit unterlegtem (keine Z. 3; Fermaten nur auf den Schlussnoten der drei Amenzeilen) **Verbindung MT** wie EG

Literatur

HEG II, 266–268 ** ThustB, 386/Nf, 364; ThustL II, 388 f ** Meyer (²1997) 232–235

Paul Ernst Ruppel vertont den kurzen Text eines bislang unbekannten Autors zu einem dreistimmigen Kanon, einem singbaren Tischgebet. Ruppel war viele Jahre Bundessingwart des Christlichen Sängerbundes (CS). Der dem CS angeschlossene Verlag Singende Gemeinde (VSG) will einerseits den meist freikirchlichen Gemeindechören die kirchenmusikalische Literatur erschließen; andererseits will er die elementare Freude des Singens – insbesondere des Lobens – wecken und lebendig erhalten. Dazu dienen die vielen kleinen und kleinsten Melodien, Singsprüche, Kanons und Liedsätze, die im Verlagsprogramm einen großen Raum einnehmen. Sie finden sich verstreut in Heften und Chorblättern und haben schon früh ihren eigenen und schönen Platz in den Singkalendern (1953 bis 1969) und Singheften (ab 1970) gefunden.

Der erste Singkalender (1953) enthielt im Monat Oktober den Kanon *Segne, Herr, was deine Hand.* Die Zuordnung zu diesem Monat liegt durch das Erntedankfest nahe. Hier steht der Kanon mit nur einer Textzeile, also ohne zusätzliche Amen-Strophe – quasi die Ur-Form. Als Verfasserangabe ist auf der Rückseite des Oktoberblattes lediglich vermerkt „Tonsatz: P. E. Ruppel“. Es gibt keinen Hinweis zum Text. In mehreren Gesangbüchern[1] und vor allem in dem von Paul Ernst Ruppel selbst herausgegebenen An-

[1] Gemeindelieder, Wuppertal/Kassel, Witten 1978; Feiern & Loben, Holzgerlingen 2003; EM 626.

dachtsbuch „Dies ist der Tag"[2] finden wir als Quellenangabe des Textes „bei Carl Richter um 1950" und als Entstehungszeit der Melodie die Jahresangabe „1951". Tatsächlich gibt es von Carl Richter eine weit verbreitete Sammlung mit Tischgebeten, in der der Text EG 466 enthalten ist, allerdings schon aus dem Jahr 1940 (s. o. Text/Quelle). Im Vorwort[3] schreibt Richter, dass er sich verschiedener Sammlungen und noch unbekannter Gebetsverse bedient habe. Die Autorschaft des Textes muss daher weiter offen bleiben.

Der kurze Text ist eine Bitte um Segnung der vom Herrn empfangenen Gaben. Er spielt auf Ps 145,16 an (*Du tust deine Hand auf und sättigst alles, was lebt, nach deinem Wohlgefallen*). Richter machte aus der dankenden Aussage eine Bitte und fügte die Anrede *Herr* ein. Mit dem Wort *Gnaden* greift er das *Wohlgefallen* des Psalmverses auf, und *alles, was da lebt* entspricht dem *uns* im Kanontext.

Ruppel folgt mit seiner Vertonung einem bewährten Modell, das wir auch bei anderen Kanons finden: Der erste Melodieteil wird eine Terz tiefer als zweiter Kanonabschnitt wiederholt (vgl. EG 2; 132; 337; 340). Als dritter Teil kommt dann aber etwas Neues – in diesem Fall eine Umkehrung des Melodietempos – erst schnell, dann langsam – und der Drehbewegung der Achtelnoten – erst auf, dann ab.

Ein weiterer Unterschied ist die Textbehandlung: Die ersten beiden gleich langen Textzeilen vertont Ruppel syllabisch. Das abschließende *Amen* dagegen wird melismatisch gedehnt, damit es die gleiche Länge wie die ersten beiden Teile bekommt. Außerdem haben die ersten beiden Takte durch die Silbenbetonung das Verhältnis 2+3. Der dritte Takt kehrt es um im 3+2. Darauf weist Ruppel selbst hin.[4]

Auf einer anderen Ebene folgen aber alle drei Takte demselben Muster: Jeder Melodieteil geht vom Anfangston eine Sekunde nach oben und wieder zurück, schwingt danach eine Terz nach unten und erreicht wieder den Anfangston. Jeder Melodieteil gleicht dadurch einer kleinen Welle, die auf unterschiedlichen Tonstufen beginnt – zunächst auf dem c^2, dann folgend auf den tieferen Dreiklangsstufen a^1 und f^1. Der große Gestus dahinter ist die Figur des Absteigens. So beschreibt es der Komponist selbst: „Die Melodie betont das Herabkommen der Gnade Gottes als Geschenk, das im ‚Amen' der Gemeinde aufgefangen und angenommen wird."[5]

Die Harmoniefolge (F B F F F) ist schlicht: Der Kanon verharrt, von einem kurzen Ausweichen in die Subdominate abgesehen, auf dem Tonika-Akkord. Im Schlussklang ertönen alle Dreiklangstöne. Der Fünfertakt ist zwar ungewöhnlich,[6] dennoch ist das Erlernen und Nachsingen leicht, denn Metrum und Rhythmus folgen dem Sprachduktus des Textes. Die beiden halben Noten am Anfang der ersten und zweiten Liedzeile bauen eine Spannung auf hin zu dem betonten *Herr* in der ersten Liedzeile und *Gnaden* in der zweiten. Durch die Taktart bekommt die Melodie außerdem einen schwebenden Charakter.

[2] Karl Steckel/Paul Ruppel (Hg.), Dies ist der Tag. Ein Andachtsbuch zum Singen und Beten, Wuppertal 1984.

[3] Die im Vorwort genannte zwei Jahre früher erschienene Sammlung „Gesegnete Mahlzeit ..." enthält den Vers EG 466 noch nicht. Freundliche Auskunft von Pfarrer Frank Lilie, Kloster Kirchberg (Sulz am Neckar).

[4] Ruppel in: Meyer ^{2}1997, 232.

[5] Ebd.

[6] Im EG außer bei diesem Lied nur bei EG 50.

Nach der Erstveröffentlichung im Singkalender wird der Kanon im Jahr 1964 in die Sammlung „Kleine Fische“[7] aufgenommen. Hier erscheint zum ersten Mal eine Amen-Ergänzung als in Klammern gesetzte Option für die Kanongruppen 1 und 2: Die erste Kanongruppe beginnt wieder von vorn und singt den ersten und zweiten Takt auf *Amen* (4x). Die zweite Kanongruppe beginnt ebenfalls wieder von vorn und singt noch einmal den ersten Takt auf *Amen* (2x). Die dritte Kanongruppe singt den Kanon nur ein einziges Mal und endet auf dem Schlusston des dritten Taktes. In später erschienenen Liederbüchern[8] steht diese Fassung nicht als in Klammern gesetzte Möglichkeit, sondern sie ist ohne Wiederholungszeichen ausnotiert, so auch im EM.

Handschrift von P. E. Ruppel in „Dies ist der Tag – Ein Andachtsbuch zum Singen und Beten“; herausgegeben von Karl Steckel und Paul Ernst Ruppel, 1984.
Mit freundlicher Genehmigung des Verlags Singende Gemeinde, Wuppertal

So hat sich der Kanon von seiner Ur-Form (1951/1953) über die Fassung mit der *Amen*-Erweiterung als Option (1964) zu seiner letzten Variante als fünftaktiges Kanonlied ohne Wiederholungen gewandelt (1978). Dagegen weicht die Fassung im EG mit fünfmaligem *Amen* als einer zweiten Strophe und einem beliebigen Ende von den beiden Fassungen des Komponisten ab.

Paul Ernst Ruppel war ein Meister der kleinen Form. Ihm war es vergönnt, mit wenigen Takten Musik einem Text viel Tiefe zu geben und auch Unaussprechliches anklingen zu lassen. Das zeigt sich in diesem Kanon auf eindrucksvolle Weise.

Thomas Schmidt

[7] Paul Ernst Ruppel: Kleine Fische – Kanons und Singsprüche, Wolfenbüttel 1964.
[8] Gemeindelieder (s. Anm. 1).

474 Mit meinem Gott geh ich zur Ruh

EG 474ö RG 613ö EM 634

Text

Verfasser Cornelius Becker (Str. 1) **Vorlagen** Str. 1: Ps 4 * Str. 2+3: Ps 91 * Str. 2: Initialkontrafaktur von *Ich ruf zu dir, Herr Jesu Christ* (EG 343) * Str. 3: angelehnt an *Befiehl dem Engel, dass er komm* (EG 469,6) **Quellen** (a, Str. 1) = Str. 7 des Liedes *Erhör mich, wenn ich ruff zu dir* in: Der Psalter Dauids Gesangweis (Cornelius Becker), Leipzig 1602[1] * (b) *Vollständige Kirchen= und Hauß=Music* [...] *So mehrentheils Anno 1611. zu Görlitz in Druck ausgegangen: Anietzo* [...] *zum Siebenden mal außgefertiget und* [...] *vermehret und gebessert,* Breslau o. J. [um 1685] (DKL 1681[01] Bresl nach 1680[a])[2] **Überschrift** (a) *Der IV. Psalm. Welt vnd Christenfrewd zweyerley.* | [Summa:] *Die Welt thut auff jhr glück stoltziern/ein Christ muß sich lan tribulirn: Dennoch in Gottes huld er bleibt/Wenn jenes gut und pracht zersteubt.* | *Ein Psalm Dauids vorzusingen auff Seytenspiel.* | *Jm Thon: In dich hab ich gehoffet, HErr etc* * (b) *Ein anders. Jm Thon: In dich hab ich gehoffet, HErr etc* **Ausgabe** (a) W V,576 **Strophenbau** A8/4a A8/4a A7/3b- A4/2c A4/2c A7/3b- vgl. Frank 6.16 **Abweichungen** (a, nur Str. 1) 1,4 *bey* nacht; 1,5 *Schafft das* ich * (b) 1,3 *ach* Gott *ins*; 1,4 über *uns wach*; 1,5 *schaff daß* ich; 2,3 laß *uns* kein; 3,1 Befiehl *du deinen Engelein*; 3,3 *alls* Übel von uns *wenden* nach 3: 4. *Glori/Lob/Ehr und Herrligkeit* **Verbindung TM** in der Q ohne N, zur Melodieangabe in der Überschrift vgl. Liederkunde Heft 23 zu EG 275 (Verbindung TM und MT) * Z II,2485 (Kocher 1855)

Melodie

s. *Mein schönste Zier und Kleinod bist* (EG 473)

Literatur

HEKG (Nr. 359) I/2, 516; III/2, 464 f; Sb, 546 f; HEG II, 33 f ** ThustB, 392 f/Nf 370; ThustL II, 402 f ** KLL (1878–1886) II, 91; Schlunk (1951), 251; Bruppacher (1953), 96; RößlerL ([2]2001), 576 ** NelleG ([3]1928/1962), 94 * Mertes, Johannes: Gotteslob im Kirchenlied. Einführung in 144 gemeinsame deutsche Kirchenlieder und -gesänge, Merzig **1962**, 24–26

Kirchenlieder können sich bei näherem Zusehen als eine Art Collage erweisen, als die Zusammenfügung schon zuvor bekannter Elemente zu einem neuen Ganzen.[3] Wenn dies

[1] Digitalisat Bayerische Staatsbibliothek München: https://t1p.de/rgxk (26.11.2021).

[2] Digitalisat Niedersächsische Staats- und Universitätsbibliothek Göttingen: https://t1p.de/nz7kt (26.11.2021). – Neuere handschriftliche Datierung in Bleistift auf dem Titelblatt des Göttinger Exemplars: „zw. 1663 und 1690", im Katalog unter 1685.

[3] Vgl. etwa „Sonne der Gerechtigkeit" (EG 262/263) und überhaupt die Singpraxis in Herrnhut, wo in den „Singstunden" Strophen aus verschiedenen Liedern neu zusammengesetzt und unmittelbar nacheinander gesungen werden.

kunstvoll und mit Bedacht geschieht und man beim Singen nicht über die Kleberänder und Fugen stolpert, ist dagegen kaum etwas einzuwenden. Man sollte jedenfalls solchen Liedern nicht allein deshalb die Originalität oder gar die „Persönlichkeit“[4] absprechen. Denn ‚originell‘ ist ein Text ja nicht nur dann, wenn er zuvor noch nie Gesagtes ins Wort bringt, sondern auch dann, wenn es ihm gelingt, Überliefertes miteinander zu verknüpfen und zu einer neuen Einheit zu formen.

EG 474 dürfte ein solches Lied sein. Veröffentlicht wird es erstmals in der siebten Auflage des Breslauer Gesangbuchs von ca. 1685 und hat hier vier Strophen: Die erste ist eine wörtliche Übernahme aus dem Becker-Psalter zu Ps 4, die zweite und dritte verarbeiten Formulierungen und Motive aus verschiedenen anderen Liedern sowie Ps 91, die vierte ist eine Doxologie. Die achte Auflage von 1690 erweitert das Lied auf fünf Strophen, wobei die vierte und fünfte eine wörtliche Übernahme der beiden Schlussstrophen des Liedes *In dich hab ich gehoffet, Herr* (EG 275,6–7) sind; die Doxologie entfällt. Doch ist diese frühe Ergänzung eher störend als bereichernd. Denn während die ersten drei Strophen ein in sich sinnvolles und abgerundetes Ganzes darstellen, hinterlassen die letzten zwei Strophen den Eindruck eines ungeschickt angefügten Anhängsels, das im Laufe der Zeit zu Recht aus dem Überlieferungsprozess ausgeschieden[5] oder ebenso willkürlich durch Liedstrophen anderer Abendlieder ersetzt wird.[6] Wie dem auch sei, in den von EG 474 präsentierten drei Strophen zeigt sich das Lied in einer gelungeneren Gestalt als in den fünf Strophen von 1690.

Strophe 1 benennt in den ersten beiden Versen ausdrücklich den ‚Sitz im Leben‘ des Liedes: das persönliche Abendgebet (*Mit meinem Gott geh ich zur Ruh*), das an der Bettkante oder schon im Bett (*und tu … mein Augen zu*) gesprochen wird.[7] Die Sprachform ist dabei die eines Bekenntnisses, denn dass dieses Zu-Bett-Gehen trotz aller weiter unten genannten Gefahren (*Leid, Teufels Trutz, Übel*) *in Fried* geschehen kann, weiß der Sprecher dem Schutz Gottes verdankt. – Die ganze Strophe ist eine wörtliche Übernahme der Schlussstrophe des Liedes *Erhör mich, wann ich ruf zu dir* aus dem „Psalter Davids Gesangweis“ (Leipzig 1602) von Cornelius Becker zu Ps 4. Dieser Psalm hat eine lange Tradition im christlichen Nachtgebet. Er ist zusammen mit Ps 91 und 134 einer der Psalmen, die die wirkungsgeschichtlich einflussreiche Benedikt-Regel (6. Jh.) allabendlich für die letzte Tageshore, die Komplet, vorsieht.

4 So das harte Urteil von Bruppacher 1953, 96: „Hier ist die Melodie alles und der Text ohne eigene Persönlichkeit.“

5 Vereinzelt schon im 19. Jh. (etwa Nürnberg 1855), durchgängig dann seit dem Jugendliederbuch „Ein neues Lied“ (Kassel 1932). In dieser dreistrophigen Form wird das Stück dann auch als ö-Lied vorgeschlagen.

6 So etwa in der katholischen Rezeption, die erst mit der Jugendbewegung einsetzt. Die einflussreiche Sammlung „Kirchenlied“ (1938) bringt als Strophe 4 und 5 die erste und letzte Strophe des Abendliedes *Mein schönste Zier und Kleinod bist* (EG 473); der Mainzer Diözesanteil des „Gotteslob 1“ (1975) verfährt dann völlig eklektisch und gibt dem Lied folgende Gestalt: *Mit meinem Gott geh ich zur Ruh* (Str. 1); *Der Tag nimmt ab. Ach schönste Zier* (Str. 2); *Befiehl den starken Engeln dein* (Str. 3).

7 Vgl. zur Praxis des Abendgebetes den erhellenden und vergnüglich zu lesenden Artikel von Katarina Krause, Bereitung zur Nacht. Spuren einer sich wandelnden Praxis in den Lieddichtungen des evangelischen Gesangbuchs, in: LuK 10 (2019), 75–96, hier 77–82.

Strophe 2 markiert gegenüber der Eingangsstrophe gleich einen dreifachen Wechsel: vom Bekenntnis zum Gebet, vom „ich" zum „wir", von Gott (Vater) zu Christus. Eingeleitet wird die Strophe mit einer wörtlichen Übernahme des Incipits des Liedes *Ich ruf zu dir, Herr Jesu Christ* von Johann Agricola (EG 343), die reformatorisch zugespitzt weitergeführt wird: *der du allein mein Helfer bist* – vielleicht ein Nachhall von Luthers *Mitten wir im Leben sind* (EG 518): *Wer ist, der uns Hilfe bringt …? Das bist du, Herr, alleine.* Die Anrufung Christi zu Beginn der Nacht kann als Konkretisierung des Wächterdienstes Gottes *bei Tag und Nacht* (Str. 1) verstanden werden: Gott schützt durch seinen Christus. Die Motive *Schutz, Teufel* und *Engel,* die nun nicht mehr allein mit dem *ich,* sondern mit dem *wir* verbunden sind, weisen über Luthers Abendsegen und Erasmus Albers Verdeutschung des Komplethymnus *Christe, du bist der helle Tag* (EG 469) zurück in die Komplet Benedikts und hier speziell auf Ps 91[8] und das abschließende Segensgebet.[9]

Strophe 3 führt in ihrer ersten Hälfte die Bitte um den Engelschutz fort, die auch in Luthers Abendsegen besonders akzentuiert ist. Die zweite Hälfte wechselt die Gebetsrichtung hin zu *Gott Heilger Geist,* der um Hilfe in der Sterbestunde angerufen wird. Das Abendlied greift hier die mittelalterliche Tradition auf, den „Schlaf als Abbild des Todes" und deshalb im Tagesende einen Hinweis auf das Lebensende zu sehen.[10] Die Verbindung dieser eschatologischen Dimension des Abendgebetes mit dem Heiligen Geist ist durchaus unüblich – meist wird dieser Aspekt mit der ‚commendatio animae' Jesu (Lk 23,46: *Vater, ich befehle meinen Geist in deine Hände*) verknüpft[11] – und dürfte durch die Pfingstleise EG 124 inspiriert sein: *Nun bitten wir den Heiligen Geist / um den rechten Glauben allermeist, / dass er uns behüte an unserm Ende / wenn wir heimfahrn aus diesem Elende. Kyrieleis.* Dass die trinitarische Doxologie, die im Breslauer Gesangbuch von 1685 das Lied beschloss, von EG 474 nicht übernommen wird, ist kein Verlust, da sie eine entbehrliche und unpassende Dublette zur trinitarischen Struktur der ersten drei Strophen darstellte.

Dem dreistrophigen Lied gelingt es, aus literalen und motivischen Vorlagen eine in sich stimmige Einheit zu formen, die über Luthers Abendsegen an die Tradition des altkirchlichen Abendgebetes anknüpft. Anders als diese benennt es allerdings nicht auch

[8] Vgl. Ps 91,10f in der Fassung der Lutherbibel von 1545: *Es wird dir kein Vbels begegnen / Vnd keine Plage wird zu deiner Hütten sich nahen. DEnn er hat seinen Engeln befolhen vber dir / Das sie dich behüten auff alle deinen wegen.*

[9] „Herr und Gott, kehre ein in dieses Haus und halte alle Nachstellungen des Feindes von ihm fern. Deine heiligen Engel mögen darin wohnen und uns in Frieden bewahren. Und dein Segen sei über uns allezeit. Amen" (zitiert nach Hansjakob Becker, Poesie – Theologie – Spiritualität. Die benediktinische Komplet als Komposition, in: Ders./Reiner Kaczynski [Hg.], Liturgie und Dichtung. Ein interdisziplinäres Kompendium, Bd. 2, St. Ottilien 1983, 857–902, hier 864).

[10] Vgl. Bernhard Einig, ‚Somnus est imago mortis'. Die Komplet als allabendliches ‚memento mori', in: Ders./Hansjakob Becker/Peter-Otto Ullrich (Hg.), Im Angesicht des Todes. Ein interdisziplinäres Kompendium, Bd. 2, St. Ottilien 1987, 1299–1320.

[11] In der römischen Komplet wird Lk 23,46 als Responsorium nach der Lesung gesungen.

die heilsamen Wirkungen der von einem gnädigen Gott geschenkten Ruhe,[12] sondern bleibt ganz auf die Gefahren der Nacht und auf die Bitte um Gottes Schutz fokussiert. Ob das ausreicht, um dem Lied auch in Zukunft noch eine Rezeption zu sichern, bleibt abzuwarten.

Ansgar Franz

[12] Vgl. in dieser Hinsicht etwa die 2. Strophe des Abendhymnus *Deus creator omnium* des Ambrosius von Mailand († 397), in der es heißt: (*du kleidest die Nacht mit der Gnade des Schlafes,*) *damit die Ruhe die gelösten Glieder den Anforderungen der Arbeit wiedergebe und die bedrückten Gemüter aufrichte und die engende Trauer löse*; siehe dazu Ansgar Franz, Tageslauf und Heilsgeschichte. Untersuchungen zum literarischen Text und liturgischen Kontext der Tagzeitenhymnen des Ambrosius von Mailand, St. Ottilien 1994, 62–66.

488 Bleib bei mir, Herr! Der Abend bricht herein

EG 488 RG 603 EM 660

Text

Verfasser Theodor Werner **Vorlagen** *Abide with me, fast falls the eventide* (Henry Francis Lyte, 1847) * *Bleib bei mir, Herr! … ³wo nehm ich Trost, wenn nicht dein Gnadenlicht* (Th. W. Tiedje 1878), in: Communio in adorando et serviendo oecumenica, Stockholm 1926[1] * Lk 24,29 **Quelle** *Laudamus. Gesangbuch für die Vollversammlung des Lutherischen Weltbundes*, Hannover 1952 **Strophenbau** A10/5a A10/5a A10/5b A10/5b vgl. Frank 4.99 **Abweichungen** 1,3 Ausrufungszeichen am Versende; 4,1 *Geführt von deiner Hand*; 4,3 Ausrufungszeichen am Versende * EM: dt. Text wie EG, zusätzlich *Abide with me* **Verbindung TM** wie EG

Melodie

Incipit 3_32 1_5_ 6554 3__ **Verfasser** William Henry Monk **Quelle** *Hymns Acient and Modern* (William Henry Monk, Hg.), London 1861[2] **Ausgabe** BBC Songs of praise. Music Edition, Oxford 1997 **Besonderes** Tunename: *Eventide* **Ambitus** G: 6; Z: 6554 **Abweichungen** Q: 4/2-Takt; doppelte Notenwerte; Doppelstrich nach jeder Zeile; am Ende *Amen*: je Halbe *as' g'* * RG und EM: mit 4st. S (William Henry Monk 1861) **Verbindung MT** Q: *Abide with me* (s. o. Text/Vorlage) * andere deutsche Übersetzungen: *Bleib bei mir, Herr!* (s. o. Text/Vorlage); *Herr, bleib bei mir, die Nacht bricht schnell herein* (Admiral Engel; Der Londoner Bote 125 [Mai 1959]) * in der 3. Auflage von Laudamus (s. o. Text/Quelle), Helsinki 1963, auch mit: *Abide with me* (Henry Francis Lyte 1861) und *O bli hos mig!* (norwegisch; Gustav Jensen) * weitere Sprachen in Communio 1926 (s. o. Text/Vorlage): *Aa ver hjaa meg* (norwegisch; Peter Hognestad 1866); *Reste avec nous … ³Nous implorons* (französisch; 1895) * in Unisono und Colours of Grace:[3] *Reste avec nous … ³Mais, près de toi* (französisch; Richard Paquier); *Blijf mij nabij* (niederländisch; Willem Barnard/Ad den Besten/Willem Johan van der Molen); *Señor Jesús* (spanisch; T. M. Westrup); *Å, ver hjå meg* (norwegisch; Gustav Jensen 1913 [1.+4. Str. mit größeren Abweichungen zu Laudamus 1963]); *Maradj velem* (ungarisch); *Stůj při mně, stuj* (tschechisch; Adrián Mikolášek); *Jest ze mną Pan* (polnisch; Tadeusz Sikora)

[1] Das ist das Gesangbuch der Weltkirchenkonferenz 1925 in Stockholm. Hg.: Universal Christian Conference on Life and Work. Untertitel: Psaumes et cantiques pour la Conférence Universelle du Christianisme Pratique/Gesangbuch für die Weltkonferenz für Praktisches Christentum/Koralsångbok för allmänkyrkliga världskongressen/Hymnbook for the universal Christian conference on life and work. Der Erstdruck des deutschen Textes (Laudamus 1952) bezieht sich vor der Nennung des Dichternamens Theodor Werner ausdrücklich auf „Stockholm 1925".

[2] Digitalisat bei google books: https://t1p.de/qocxr (Hymn 14; 26.11.2021).

[3] Unisono. Ökumenische mehrsprachige Lieder der Christenheit, Graz 1997, Nr. 132; Colours of Grace. Gesangbuch der Gemeinschaft Evangelischer Kirchen in Europa (GEKE), München 2006, Nr. 153; der polnische Text fehlt in Unisono.

Literatur

HEG II,208.218.347 ** ThustB, 404 f/Nf 382; ThustL II, 435–437 ** Fuhrmann, Siri: Der Abend in Lied, Leben und Liturgie. Studie zu Motiven, Riten und Alltagserfahrungen an der Schwelle vom Tag zur Nacht, Tübingen/Basel **2008**, 217–237

Das Lied steht im EG unter den Abendliedern, seine Gedanken gelten aber ebenso dem Abend des Lebens. Die englische Vorlage (*Abide with me: fast falls the eventide*) ist 1847 im Todesjahr ihres zeitlebens kränkelnden Dichters Henry Francis Lyte entstanden. Im Gesangbuch „Communio“, das zur Stockholmer Weltkirchenkonferenz 1925 erarbeitet worden war, sind daneben je eine frühe deutsche (Th. W. Tiedje 1878), französische (1895) und norwegische (Peter Hognestad 1866) Übersetzung gedruckt. Theodor Werner kannte offenbar die deutsche Fassung, denn er hat jeweils die ersten beiden Verse der ersten und vierten Strophe übernommen. Im übrigen Text geht er eigene Wege und hat dabei den englischen Text bewundernswert getreu ins Deutsche übertragen.

Die christliche Liturgie kennt zwei verschiedene gottesdienstliche Vollzüge am Abend: die vesperale Tradition mit dem Rückblick auf den Tag und die kompletorische mit dem Vorausblick auf die Nacht. *Abide with me* und seine Übersetzung sind ein Beispiel für die letztgenannte. Ausgehend von der Emmaus-Erzählung (*Bleibe bei uns; denn es will Abend werden und der Tag hat sich geneigt*, Lk 24,29) sind hier alle Hauptmotive der Komplet aufgenommen. Str. 1 und Kehrvers: die Bitte um die Anwesenheit Gottes (in der Komplet im Hymnus *Te lucis ante terminum* und in der Kurzlesung Jer 14,9: *Du bist ja doch unter uns, Herr, und wir heißen nach deinem Namen; verlass uns nicht!*); Str. 3: der Schutz vor dem Versucher (in der Komplet sowohl im genannten Hymnus und in der Kurzlesung 1. Petr 5,8 f: *Seid nüchtern und wacht; denn euer Widersacher, der Teufel, geht umher wie ein brüllender Löwe und sucht, wen er verschlinge. Dem widersteht, fest im Glauben*); Str. 4: Schutz vor Bedrohung und Anfechtung (in der Komplet Psalm 91); Str. 4 und 5: Tod und Sterben (in der Komplet Responsorium nach dem Hymnus aus Psalm 31,6: *In deine Hände befehle ich meinen Geist*; Lobgesang des Simeon Lk 2,29–32).

Die vierzeiligen, paarweise gereimten Strophen, jede Zeile aus fünf Jamben bestehend, enden jeweils mit der Bitte *Herr, bleib bei mir*, die auch (im Deutschen mit veränderter Wortfolge) das Lied eröffnet. Im Original klingt die Bitte intensiver: *Abide with me* – halt an mir fest, bleib mir treu! Aber es ist nicht die Bitte eines Angefochtenen. Das Vertrauen ist unerschüttert. Jeder dieser Bitten geht ein Bekenntnissatz voraus, der die göttliche Gegenrealität zur wahrgenommenen Bedrohung markiert. Da die göttliche Realität unbezweifelbar ist, kann die weltliche unerschrocken wahrgenommen werden. Die Glaubensgewissheit äußert sich als Bitte, die nicht auf Antwort wartet, sondern sich des Erbetenen bereits sicher ist.

Die 1. Strophe geht vom realen Erleben des Tagesendes aus. Die Beschreibung der natürlichen Vorgänge führt jedoch sogleich zu ihrer bedrohlichen Seite, die hier nur angedeutet wird. In aller Trostbedürftigkeit und Hilflosigkeit vermag nur Gottes Nähe zu helfen. Das Vertrauen auf die Gegenwart Gottes überwindet das Gefühl, ausgeliefert zu sein.

Die 2. Strophe sieht im Tag eine Metapher des vergänglichen Lebens. Der Dichter nimmt das Altwerden an sich selbst und an seiner Umwelt wahr. Mehrere Bilder deuten die Erfahrung: die auslaufenden Wellen des Meeres am Strand (*verebbt*), das Weichen des Tageslichtes (*das Leben weicht*), das Verglimmen des Kerzendochtes (*die Lust verglimmt: earth's joys grow dim*), das abendliche Verbleichen der Farben (*der Erdenruhm verbleicht*). Alles vergeht, verfällt. Auch dem Wandel fehlt der positive Aspekt. *Unwandelbar* treu ist gegenwärtig nur der *Herr*.

In der 3. Strophe konzentriert sich der Blick auf den Bittenden selbst. Die Dunkelheit ist die Zeit des haltlos machenden Versuchers. Seine Macht kann nur Gott brechen. Er wird es tun, wie am Tage, so in der Nacht des Lebens.

In der 4. Strophe tritt das Bekenntnis in den Vordergrund: Da das Geleit Gottes (*Von deiner Hand geführt / with Thee at hand to bless*) sicher ist, kann dem Leid, dem Unglück, jeder Trübsal furchtlos begegnet werden. Selbst der Tod trifft auf den Vertrauensgewappneten, ja sogar Geschmückten (Gott ist ihm *Schild und Zier*). Letzteres ist freilich eine freie Umschreibung des Übersetzers, der vielleicht an EG 473 (*Mein schönste Zier und Kleinod*) erinnern möchte. Lyte zitiert an dieser Stelle 1. Kor 15,55: *Where is death's sting? Where, grave, thy victory?* Mit dem Bild des *Stachels* schließt sich Theodor Werner wieder an das Original an. Die abschließende Bitte enthält im Englischen den Ton des Triumphes: Es ist der einzige Strophenschluss, der nicht als Bitte formuliert ist: *I triumph still, if Thou abide with me.*

Die letzte Strophe führt die Metapher in die äußerste Konsequenz, das Ende des Lebens, das Sterben. Aber sie überrascht mit einer das Lied rückwirkend erleuchtenden Deutung: *Halt mir dein Kreuz vor, wenn mein Auge bricht.* Der *Herr* (*Lord* kommt im englischen Text nur in der ersten und letzten Strophe vor[4]) ist der gekreuzigte und auferstandene Christus. Er, der den Tod überwunden hat, wird Licht im Todesdunkel des Sterbenden sein, Licht von einem neuen Tag her, dem der Glaubende entgegengeht, dessen Vertrauen selbst die äußerste Lebensbedrohung nicht erschüttern kann.

Das Lied ist ein Abendlied. Weil das Abendgebet der Kirche (Komplet) auch ein memento mori, ein allabendliches Einüben in die ars moriendi ist, kann es auch zur Sterbebegleitung dienen.

Helmut Kornemann (†) / Ilsabe Alpermann

Die Melodie von William Henry Monk mit dem Melodienamen EVENTIDE ist im englischen Sprachbereich außerordentlich populär und wird außer bei gottesdienstlichen Feiern – häufig Trauerfeiern – sogar bei Sportanlässen gesungen. Sie ist bestimmt durch absteigende melodische Gesten aus drei oder vier Tönen, was wohl als Musikalisierung der abendlichen Sprachgeste verstanden werden kann. Formal ausgeglichen werden diese Motive durch zwei aufsteigende Viertonbewegungen in Zeile 2, deren zweite auf die Dominanttonart hinführt. Die Wiederholung des Eingangsmotivs zu Beginn der dritten

[4] So in der Textquelle. In der Melodiequelle und im EM endet auch die dritte Strophe mit *Lord, abide with me.*

und – zweimal – in der vierten Zeile rundet die Melodie formal ab. Die Beschränkung auf ein einfaches Grundmaterial verleiht ihr eine große Geschlossenheit, die leichten Variationen in Tonhöhe und Rhythmus, dazu die Bewegungsumkehr in der zweiten Zeile sorgen für eine Belebung, die aber nie aus der dem Text entsprechenden inneren Ruhe heraustritt.

Andreas Marti

Verzeichnis der bereits erschienenen Liedkommentare

EG	Heft	Seite	EG	Heft	Seite	EG	Heft	Seite	EG	Heft	Seite
1	[1]	52	65	[4]	36	129	[5]	87	180.1	[6/7]	37
2	[5]	3	66	[3]	25	130	[11]	72	180.2	[6/7]	40
3	[5]	5	67	[2]	48	131	[11]	77	180.3	[6/7]	42
4	[12]	3	68	[10]	30	132	[11]	81	180.4	[6/7]	45
5	[13]	3	69	[3]	31	133	[5]	91	181.1	[6/7]	48
6	[4]	3	70	[4]	42	134	[11]	83	181.2	[6/7]	48
7	[2]	3	71	[12]	47	135	[2]	89	181.3	[6/7]	48
8	[5]	10	72	[12]	52	136	[4]	68	181.4	[6/7]	50
9	[13]	10	73	[11]	26	137	[4]	71	181.5	[6/7]	51
10	[12]	12	74	[3]	36	138	[10]	76	181.6	[6/7]	55
11	[2]	7	75	[10]	35	139	[10]	80	181.7	[6/7]	56
12	[3]	3	76	[3]	40	140	[10]	84	181.8	[6/7]	58
13	[5]	17	77	[5]	49	141	[4]	74	182	[6/7]	59
14	[5]	22	78	[11]	33	142	[12]	77	183	[6/7]	63
15	[10]	3	79	[3]	45	143	[12]	80	184	[6/7]	72
16	[2]	11	80	[13]	36	144	[11]	88	185.1	[6/7]	79
17	[1]	58	81	[11]	37	145	[4]	78	185.2	[6/7]	82
18	[5]	28	82	[5]	54	146	[2]	94	185.3	[6/7]	83
19	[11]	3	83	[5]	60	147	[4]	83	185.4	[6/7]	84
20	[1]	62	84	[4]	53	148	[12]	85	185.5	[6/7]	86
21	[11]	8	85	[10]	40	149	[11]	92	186	[6/7]	90
22	[10]	9	86	[11]	44	150	[13]	45	187	[6/7]	92
23	[10]	11	87	[5]	71	151	[10]	91	188	[6/7]	94
24	[12]	16	88	[11]	48	152	[12]	93	189	[6/7]	97
25	[12]	25	89	[10]	53	153	[4]	89	190.1	[6/7]	100
26	[12]	32	90	[3]	49	154	[13]	55	190.2	[6/7]	102
27	[13]	16	91	[1]	85	155	[20]	3	190.3	[6/7]	103
28	[11]	10	92	[5]	75	156	[18]	3	190.4	[6/7]	105
29	[11]	12	93	[3]	52	157	[14]	17	191	[6/7]	107
30	[2]	17	94	[11]	53	158	[20]	9	192	[6/7]	116
31	[2]	26	95	[2]	55	159	[20]	13	193	[21]	3
32	[1]	65	96	[1]	89	160	[19]	15	194	[27]	3
33	[4]	9	97	[2]	59	161	[14]	21	195	[17]	17
34	[13]	23	98	[2]	62	162	[17]	3	196	[18]	18
35	[5]	31	99	[10]	55	163	[15]	3	197	[27]	5
36	[10]	23	100	[10]	61	164	[17]	7	198	[24]	3
37	[2]	28	101	[12]	56	166	[14]	25	199	[29]	3
38	[3]	7	102	[3]	56	167	[23]	3	200	[21]	9
39	[4]	14	103	[5]	81	168	[17]	9	201	[6/7]	121
40	[4]	17	104	[2]	66	169	[16]	3	202	[18]	22
41	[4]	21	105	[4]	58	170	[18]	9	203	[27]	8
42	[3]	12	106	[3]	61	171	[22]	3	204	[26]	15
43	[3]	17	107	[3]	66	172	[14]	31	205	[28]	3
44	[4]	26	108	[10]	65	173	[17]	15	206	[28]	5
45	[11]	17	109	[4]	63	175	[18]	14	207	[18]	30
46	[13]	28	110	[2]	71	176	[15]	7	208	[8]	16
47	[1]	69	111	[2]	75	177.1	[6/7]	9	209	[24]	6
48	[2]	34	112	[2]	79	177.2	[6/7]	9	210	[6/7]	123
49	[5]	36	113	[13]	41	177.3	[6/7]	9	211	[22]	7
50	[3]	21	114	[11]	59	178.1	[6/7]	13	212	[26]	20
51	[2]	37	115	[2]	85	178.2	[6/7]	14	213	[14]	33
52	[5]	39	116	[3]	68	178.3	[6/7]	15	214	[24]	10
53	[12]	35	117	[1]	92	178.4	[6/7]	16	215	[21]	15
54	[12]	39	118	[1]	95	178.5	[6/7]	20	216	[18]	35
55	[5]	44	119	[3]	73	178.6	[6/7]	20	217	[25]	3
56	[1]	72	120	[3]	78	178.7	[6/7]	20	218	[23]	8
57	[1]	77	121	[3]	81	178.8	[6/7]	20	219	[22]	11
58	[2]	40	122	[3]	84	178.9	[6/7]	22	220	[14]	38
59	[11]	22	123	[3]	90	178.10	[6/7]	23	221	[17]	23
60	[12]	43	124	[10]	69	178.11	[6/7]	24	222	[16]	8
61	[4]	31	125	[12]	63	178.12	[6/7]	25	223	[23]	14
62	[2]	44	126	[12]	70	178.13	[6/7]	26	224	[22]	17
63	[10]	28	127	[11]	63	178.14	[6/7]	28	225	[27]	13
64	[1]	81	128	[11]	68	179	[6/7]	32	226	[6/7]	126